微冒险

家门口的冒险胜地

MICROADVENTURES

Local Discoveries for Great Escapes

微冒险

[英]阿拉斯泰尔·汉弗莱斯 著
小炎 译

家门口的冒险胜地

北京出版集团公司
北 京 出 版 社

著作权合同登记号
图字：01-2016-9535

图书在版编目（CIP）数据

微冒险 ：家门口的冒险胜地 /（英）阿拉斯泰尔·汉弗莱斯著；小炎译．— 北京 ：北京出版社，2017. 6
书名原文：Microadventures：Local Discoveries for Great Escapes
ISBN 978－7－200－12857－4

Ⅰ．①微… Ⅱ．①阿… ②小… Ⅲ．①野外—生存—通俗读物 Ⅳ．①G895-49

中国版本图书馆 CIP 数据核字（2017）第 042289 号

微冒险
家门口的冒险胜地
WEIMAOXIAN
[英] 阿拉斯泰尔·汉弗莱斯 著
小炎 译
*
北京出版集团公司
北京出版社 出版
（北京北三环中路 6 号）
邮政编码：100120
网 址：www. bph. com. cn
北京出版集团公司总发行
新华书店经销
北京嘉业印刷厂印刷
*
780 毫米 × 900 毫米 16 开本 16 印张 220 千字
2017 年 6 月第 1 版 2017 年 6 月第 1 次印刷
ISBN 978－7－200－12857－4
定价：69.80 元
如有印装质量问题，由本社负责调换
质量监督电话：010－58572393
责任编辑电话：010－58572473

献给露西、汤姆和莎拉。

目录
CONTENTS

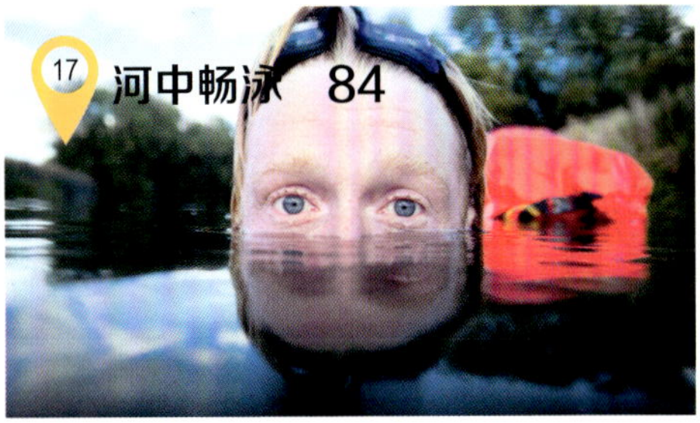

M 25

“冒险是一种精神状态，是一种脱离舒适区去尝试新事物的精神。它事关热情、抱负、好奇心与思想的无限开阔。”

介绍

前半生，我离家到非洲待了一年。就这样，我迷上了它——冒险！自此以后，我在路上度过了一年又一年，满世界去追寻冒险的精神。我已经到过地球上近一半的国家，却仍渴望着探索未曾踏足之地。我曾划桨扬帆横跨大洋，徒步穿越沙漠，骑自行车横穿大陆。我冒险，因为它有趣，虽然要遭遇很多艰难险阻、苦痛挣扎，但比起现实生活错综复杂的混乱、压力和麻烦，冒险在许多方面都要简单得多。我冒险，因为我热爱人迹罕至之地那狂野而又静谧的美；我冒险，因为我爱这个生机勃勃的丰饶星球，以及与路上不期而遇的人们那令人惊奇又难忘的交流。

冒险让我从世界与自己身上都获益良多。它使我变得更加专注，赋予我目标和方向，给我更多的认识和启发。过去10来年，我都在写书、写博客，还有演讲介绍我的冒险。我很幸运，热情与爱好成了我的工作。多年来，我通过冒险来支付自己的账单和税款。

（我提没提过现实生活的压力与麻烦？）

所以，当决定要用一年时间去探索自己生活的这个并不十分狂野的国家时，我是颇为犹豫的。我不打算从那种规模宏大、令人兴奋的大冒险入手，那是属于职业冒险家的传统套路。我打算从小处着手。很小，非常小规模的冒险。也许比那更小——我要寻找的是家门口的微冒险。

是什么让我做出这个决定？我知道大多数人并没有时间和金钱去活得如自己所希望的那样大胆。但过去几年间，我越来越觉得钱和时间未必是制约因素，而冒险带来的好处和乐趣实在太多了，我愿意与尽可能多的人分享。

随着时间推移，通过博客、邮件和跟演讲会上的人聊天，有两件事变得更加清晰。第一件事，我发现几乎所有人都喜欢不同种类的冒险。那些看上去令人生畏的北约克郡妇女协会成员与肯德尔山电影节或者皇家地理学会上一个穿着冲锋衣的观众一样，都会爱上聆听遥远土地上的故事和荒野的呼唤。

而第二件事就是，如果我在演讲中、在网站上和印名片时说自己是个冒险家，那会拉远我和那些偶然听到演讲或点进我博客的人的距离。一次又一次我听见下面这句话的不同版本："你是个冒险家。我就是个普通人啊。"

这是句彻头彻尾的废话。我是个冒险家，但我也是个普通人。我跟其他人唯一的不同就是我尽可能挤出时间，准备好金钱、各种装备和健康的身体去进行各种大型探险。我没有比普通人更强壮或者更英勇，绝对没有。

大部分人都享受冒险，也渴望一生中能进行更多冒险。但大多数人没有时间骑车环游世界。然而，冒险不应该只属于"冒险家"。于是，我意识到自己想破除冒险的壁垒。微冒险由此诞生了。

我会简单定义微冒险是什么，但首先，我要给冒险下个定义。这一步至关重要，因为我们决不能误以为微冒险是一个低级劣质版的冒险。它不是。微冒险就是冒险。

冒险是个所指很宽泛的词语，对不同人它有不同的意味。它是一种精神状态，是一种脱离舒适区去尝试新事物的精神。它事关热情、抱负、好奇心与思想的无限开阔。

如果这是真的，那"冒险"就不只是横穿沙漠和翻越群山；冒险可以在每一处、每一日寻得，只要我们动身去寻找。

你也许不能经常去进行大型冒险（我们都得实事求是努力对付"真实生活"里的承诺和限制），但你可以进行微冒险。微冒险不需要你飞到地球的另一侧去追寻荒野美景。冒险是从精神上、生理上或文化上拓展你自己。它是你平常不会做的事，敦促你加倍努力，尽自己能力做到最好。不是非得有钱、受过专业训练成为精英运动员才能去冒险。

所以微冒险就是在家附近冒险：便宜，简单，短途，但非常有效。它仍能捕捉到大冒险的精髓——挑战、乐趣、逃离现实、学会生存经验和令人激动。所有这些都还在。

微冒险有大冒险的精神（因此也有大冒险的益处），只不过是将它浓缩成一个周末，甚至只是工作日逃离办公室一回。哪怕是住在大城市里的人，其实离小块的荒野也不是那么遥远。

冒险时时刻刻都在我们周围，甚至在经济困难的时候：这种时候，走出门去进入荒野会比别的时期更重要、更让人振奋。

"所以微冒险就是在家附近冒险：便宜，简单，短途，但非常有效。它仍能捕捉到大冒险的精髓——挑战、乐趣、逃离现实、学会生存经验和令人激动。"

这是一本关于冒险的书，书里的冒险所有人都能进行。有些冒险就算是你很忙或者没登过山也能实现，有些冒险里的野外环境就算是小孩子或者残障的成年人也能应付得来。

也许你住在大城市，或者觉得英国无聊又拥挤，或者觉得冒险只会发生在育空或者巴塔哥尼亚。也许你小时候享受露营，但现在长大了，正忙着还房贷和修剪家里的草坪。希望这本书能礼貌但又坚定地抓住你，摇醒你，催促你出门去重新发现曾经享受过的河流和落日，让你重获对野外的天真烂漫

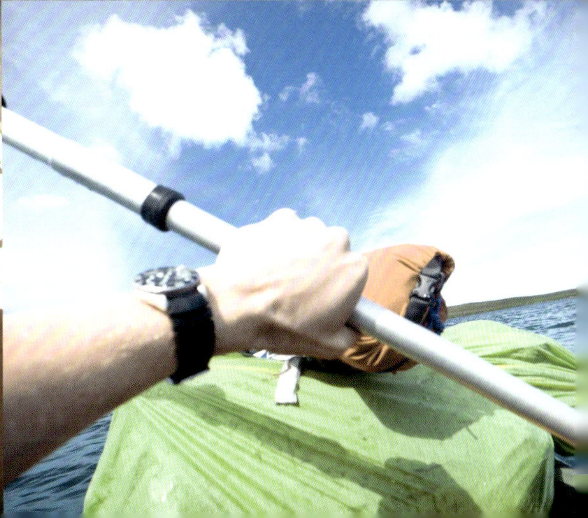

的乐趣。

这本书属于每一个乐于向落日骑行，向大海进发，乐于继续前进却暂时无法做到的人。

这本书属于那些立志要做冒险家，正为开展大冒险计划树立信心的人；属于那些想要增进对本地的了解，或是想在大冒险之间一解心头之痒的经验丰富的冒险者；属于那些有真正的工作和真实的生活，有几个小孩要养，有一只猫要喂的人们；属于喜欢阅读冒险故事的人们；属于那些渴望着冒险但又觉得自己太忙、太老、太胖或者太宅，所以不敢出门去的人们。

这本书属于爸爸们和小伙子们，妈妈们和姐妹们，属于想要一家人出去冒险的家庭。它属于心头渴望萦绕不去，想要爬一座山，燃起一堆篝火，疯狂一下，想着要是能偶尔逃离家务事一晚多好的丈夫们和妻子们。

“如果你读到这里，开始渴望地望向窗外远山，那这本书就是属于你的，无论你是谁，无论你在世界的哪一个角落。”

书中的冒险发生在英国，但创意和精神是可以共通的。就此而言，这本书在某种程度上是以伦敦为中心，原因很简单，因为现在这就是我在英国的住所。那也没什么关系，书里的大部分冒险是特意设定成可以在任何地方实现的。因此，如果你读到这里，开始渴望地望向窗外远山，那这本书就是属于你的，无论你是谁，无论你在世界的哪一个角落。

这本书是为了破除壁垒——不管是真实的还是意识中的。这本书也是为了终结借口——不管是说得过去的还是那些偷懒的、自我击败的借口。这本书是为了让你能不再被长期计划的宏大压倒，为了让你能走出旅程的第一小步。这本书有关开始。尽管书的主题是微冒险。我希望书里的概念和精髓能为你所用，不管你想要用更冒险的态度来征服什么。

英国的风景经过无数代人类活动的重塑，我们原始的荒野已经被摧毁或者被永远地改变。在这更开明的时代，越来越多的人将热情投入保护、保留和恢复我们的乡野中去，但曾经覆盖这片大地的森林已经逝去。成千的河流被水坝拦截，被改变流向，甚至被填埋。虽然我希望这本书能鼓励人们发自内心地去多关怀现存的乡野，然而这并不是一本关于绝望的书。那天清晨，我在曾经熙熙攘攘、如今荆棘遍布的古罗马道路上看到的狐崽儿提醒着我们自然的坚韧和多能。只要你在一个花园或公园里凝神谛听，就能听见野鸟一如既往地高歌。当你在寒冷的夜晚缩在睡袋里，尽管脚下的山谷可能被街灯和道路照亮，但风仍是一样的阴冷和清新，群星下的一夜仍像从前那样珍贵而充满魔力。

书里讲的不是英国最史诗般的冒险旅程，这里面没有E11级攀岩或5级白水，里面甚至没有要你在周六晚上在格拉斯哥的绍齐霍尔大街过一晚，也不会宣称涵盖英国的“极限冒险”（Xtreme Adventures）、“最了不起的野地生境”（Most Awesome Wild Places）之类的旅程。这里面的冒险更温和也更通用。那些书当然也有它们的位置，但你不应该非要住到美丽荒野去才能享受冒险。我的微冒险发生在普通人即能够到达的地方。我希望这就是本书最棒、最伟大的一面。

本书中大多数的微冒险围绕着野外露营，需要露宿，但通常不在正式的露营地。我已经有上千个夜晚露宿在外，其中可能只有10个左右是睡在“正式的”露营地里。

我曾经在圣诞夜睡在英格兰的最高峰上，也曾在仲夏夜睡在大不列颠的最北端。我在3个不同的大陆上睡过山巅，睡过海滩，睡过河岸，甚至睡过海上的游泳平台和干净的下水管道。

所以我知道睡在野外有多容易，多有趣，多让人精神焕发又收获甚丰。但我也明白从未如此做过的人可能会另有一番看法。我希望这本书能鼓励人们做出新的尝试，包括野外露营。所以，在微冒险的最后有一章“怎么做”，能让你们更轻松地开始，也回应了一些常见的忧虑。在外面，就在你家附近就有那么多冒险。你需要做的只是让它们变成现实。

以下是最大限度地利用本书的方法，不管你是想把这方法应用到冒险还是别的事情上：

1.往大处想。让你的思维和想象纵情驰骋。

2.往小处想。你要开始冒险的话，最开始的一小步应该是什么呢？

3.从小处开始。

4.但一定得开始！

我真诚地希望这本书能鼓励参与，鼓励合作与分享。要是你只是坐在马桶上把漂亮的图片看一遍，那我就失败了。哪怕是你读完整本书，享受整个阅读过程，但看完了就放下书去干别的，我也是失败的。

我出这本书的目的是给出足够的实例，在你的脑海里播下冒险的种子，给出足够多的基本信息，好让你开始。我希望你能真的走出去！我希望人们读这本书，哪怕他们从未在山上睡过，也能因此尝试一回微冒险，哪怕就一次。

我的网站——www.alastairhumphreys.com——有从更多书里选录的微冒险的照片和视频。如果哪次微冒险我有录视频，章节前的简介会有标注。

自己一个人或者和朋友来一次微冒险。带上你的父母、孩子或者办公室同事。找寻那些近在家门口的有趣而又收获丰富的短途旅行。将你的旅程贴到社交软件Twitter（推特）、Facebook（脸书）、Pinterest（图片社交平台）、YouTube（视频网站）或是Instagram（手机平台上的照片处理分享App）、微信、微博上。给它们打上#微冒险#的话题标签，好让读到这本书的人都能分享你的旅程。我相信这是打破普通人冒险壁垒的最好方法。它会表明像你和我这样的普通人也能在家附近找到美妙的冒险。

“自己一个人或者和朋友来一次微冒险。带上你的父母、孩子或者办公室同事。找寻那些近在家门口的有趣而又收获丰富的短途旅行。”

如果你太忙，压力太大，钱不够，太累或者体质不适宜进行一次大冒险，那你一定能从一次微冒险中获益。

爬个山，跳进一条河，睡在星空下。去试试看吧！再坏能坏到哪儿去呢？

微冒险：一键刷新你的忙碌生活。#微冒险#

1 一日冒险

“我总有一天要来一次冒险。”我总能听到有人说这句话，不管是在我的演讲中或是在陌生人的来信里。“但我没有时间、金钱、体魄、闪闪发光的装备。”

所需时间：	一天
困难程度：	容易
地　　点：	你住的地方
额外装备：	地图和指南针

借口有时会有所不同，但话里的意思是一样的：“我希望此生总有一天能去冒险，但，很遗憾，不能是现在。”

我敢保证等到天上行星都连成一线，你渴望的冒险也不会发生。要等到自己忽然有一天既有钱又有时间那更是愚蠢（抱歉我把话说得太直白）。

总有一天？真是废话！

如果你真是这么想的，给我听好了，你不用赢了彩票才去冒险！你只需要有人在背后礼貌地踢你一脚！你只需要有人来推你一把！我希望这本书能给你一点小小的动力，让你动身。这本书是给那些希望冒险进入他们的生活，却被现实挡了道的人们。

“总有一天”只是个借口。它懒惰，它迷惑自我，而最糟的是，它完全是没理由的。所以，如果你犹豫不决，拖延着实现冒险的打算，为什么不来个一日冒险呢？它规模如此之小，几乎不能被称作冒险。让我们称之为微冒险吧。现在就尽快动身，别等什么总有一天了……明天就是个好时候。或者最晚别晚过这个周末吧。从小处开始。但一定要开始。

这个观念很简单：拿起你的钱包，你就准备好了。打开门，走出去……然后冒险开始。（顺便说一下，这句话将是你在本书中读到的最难做的一件事。）然后跳上列车。我建议你骑车来进行这次微冒险，因为这样你能探索更多新地方，步行也是个简单的替代方案。你高兴的话划皮划艇都行。

无论如何，随便选个离家30英里（1英里=1609.344米）左右的站点下车。买单程

票。我说30英里是因为这个距离对骑行也有点挑战性，但又能在一天内完成，哪怕你体魄不太好。（如果你是步行或者你骑不来30英里，那就缩短旅程。但别就那么坐着不出门了！这个方法会贯串整本书：如果我的建议太难办到，那就做个简单点的版本。如果建议太简单，那就提高难度。修改计划，让它适应你的情况。只要保证你真的会动身就好。）

当你到达目的地，跳上你的自行车，然后骑回家。离家30英里的距离应该能保证你从美丽的乡间开始冒险。我建议你用指南针来导航（方法见232~233页），或者用智能手机上的 Crowsflight App，而不是用地图。指南针（或App）不会告诉你该走哪条路，只会给你指出正确的方向。沿路的各种曲折和决策全靠你的本能和机缘。这趟旅程变得更多是在进入未知，而不仅仅是跟随地图上已有的明确路线回家。如果感觉这个做法太吓人，那尽管用地图甚至是卫星导航。别让书里的做法把你吓退。只要把它们改到你可以接受的样子就好。

我曾经花费4年时间骑行回家。在这短短的一日内，你的前路会有和数年骑行同等的挑战、障碍和收获，尽管可能会少一些负重。但我是说真的。你得为自己导航。你会饿得要命，然后享受在路上找到的餐馆里停下来吃块蛋糕的愉悦，无须心怀愧疚。你会目睹过去从未见过的事物。如果你慢慢前进，面带微笑，你会遇到不同的人，进行有趣的交谈，学到一些关于世界和自己的新东西。

当你终于回到家门前时，你会疲惫不堪，全身酸痛，肚子打鼓。但你会有不同寻常、获益良多的一天。而我真诚地希望，你会意识到自己有能力做得更多，并因此也渴望着更多。

你已经向冒险打开了家门。

在网上用#微冒险#话题标签分享你的经历，让我们知道你进展如何。

其他推动你出门的想法

- 骑行到你所在郡县里最大的教堂或体育场，或是骑车去最近新开的餐厅或者最老的博物馆。
- 不事先通知，骑车去一个朋友家吃午餐。
- 按着马拉松长跑世界纪录的速度骑行。在我写这本书的时候是男子用时2小时3分，女子用时2小时15分。
- 去也许是苏格兰最老的树那里朝圣（2000岁的福廷欧紫杉），或者是威尔士的兰格尼维紫杉，以及英格兰的安克威克紫杉。或者在网上搜索“英国最大的50棵树”，在列表里选一棵你想拥抱的。
- 在伦敦，从里士满公园的亨利国王之丘骑行到圣保罗大教堂。在亨利国王之丘那里，你能看到一幅完美的、不受阻挡的风景。这个景观创造于1710年，你能从树木间的空当越过城市一直看到圣保罗大教堂。这片风景受到法律保护。
- 渐进到百里骑行：在一天内，在你的舒适范围内尽可能骑远一些。循序渐进，每周多骑几英里，以完成百里骑行为目标，即一天内骑行100英里。每天进步一点儿点儿，这个令人生畏的目标还是可以实现的。
- 加入一个有组织的骑行活动，比如伦敦到布赖顿骑行（London to Brighton Bike Ride）、“敦威治发电机”通宵骑行活动（Dunwich Dynamo）、群湖之主运动节（Lord of the Lochs Sportive）、埃克斯茅斯通宵骑行（Exmouth Exodus）、阿什当地狱骑行（Hell of the Ashdown）、约克郡的云雀运动节（Skylark Sportive）、伯明翰到牛津骑行（Birmingham to Oxford）或者一次Audax赛事。网上可以搜索相关信息。

地理寻宝

地理寻宝是个让你走向乡野和从未踏足之地的好方法。通过GPS，你能找到藏在全国各地数千个特定地图坐标处的小盒子。盒子里有给你签到的登记本，有时还会有供你和下一个到达的人交换的小饰物。这是个让小孩子觉得乡间漫步更有趣的好办法。如果你在网上搜索“地理寻宝”，你会发现全世界藏着超过100万个地理寻宝坐标。如果你觉得这很简单，就试试到达国际空间站里的那个坐标点吧……

AU56 SNF

2 收获月下

如果你想开始把微冒险融入自己的生活，那最重要的一件事就是改变自己看事情的角度。开始到家周围无数个看起来既熟悉又无聊的地方寻找郊野和冒险吧。你越是去寻找，就能发现越多。一个有助于这种思维改变的方法就是去一个你非常熟悉的地方，但要在晚上去。

所需时间：	一晚
困难程度：	简单
地　　点：	你家附近
额外装备：	手电筒，备用电池，给你的相机准备三脚架

世界在入夜后变得如此不同，连最平和的风景也会变得像野生动物的栖息之所。不一样的感觉涌到脑海中，你的想象肆意驰骋。

满月洒下的"闪着温柔微光的银色水滴"（卡尔·桑德堡的诗作《收获月下》）刚好能照你前行。这是值得探索的美丽时光。可惜我们是如此容易失去和自然的联系，尤其当我们住在城镇中，从没体验过像样的黑暗。这就是为什么我特别珍视冬夏至日、春秋分日还有满月等日子。它们促使我更关注身边的季候流转，而不是盯着橙色的街灯和电视屏幕冷淡的光。

有一晚，我乘着收获月的光辉探索家的周围。收获月是9月离秋分最近的一个满月，是我第二喜欢的满月。是的，我刚刚就写了那句话。我最喜欢的满月是超级月亮（见95页），它因为地球与月亮距离更近而显得比其他满月更大。（我也喜欢蓝月，但它们太罕见了。）

所有的满月都在接近日落时升起，但只有在收获季，月亮才会在满月之后还连续几天在接近日落时升起。通常月亮只在满月前几天对夜晚出行的背包客有用，之后它们升起的时间就太晚了。至于原因，本书上说得太过高深，简单来说就是，在收获月的晚上出行是美妙的。你能够观看月升。它在贴近地平线时是如此的夺目，令人难以忘怀。

你不需要有多大野心就能在入夜后外出。事实上，你的计划越简单，你就越有机会实现它。我会选定异常简单的计划，我会跟随一条出城的铁路，在穿越乡野时用它来指引方向，当走累了，我会在一个乡间车站坐上夜班车回家。

我想在城镇里起步，以便体验在开放的乡野夜晚能有多么不一样——街灯吞噬了夜晚和世界原始的美。但即使是在城市里，我也能感觉到自己比起白天对周围的一切投放了更多注意力。我一路向东走，面向升起的圆月。我能看见它在地平线上发着光，慢慢爬升到天空中，一路勾勒着屋顶和烟囱的轮廓。

其他的感官占据了主导位置。我感受到刚停好的车辆引擎散发的热量。一个男人从我身边经过，牵着一条狗，而我嗅到了他洗发水的气味。我转向一条安静无人的住宅区道路，听见远处机动车道低沉的轰鸣。一列

火车从身边疾驰而过。我停下来听它渐远的声音，然后跟在它的后面。

我一边走一边拍下照片。这极大地延缓了我前进的步伐。夜间摄影很费工夫，因为你要用三脚架和延长曝光时间。不管什么时候我想拍照都得先取景，手动调整焦距，然后站个30秒等曝光完成。但我享受这个做法，它迫使我停下来，更仔细地观察四周的世界。

一个站在酒吧外边的女人看着我给照片取景。我都没注意到她，直到她小声向我喊：“摄影愉快！”她把朋友留在酒吧里面，自己出来抽一根烟，然后就像我一样享受月色。我朝她微笑：“吸烟愉快！”

城镇边缘的黑暗是独特的。房屋和街灯到此为止，在我面前是旷野突如其来的黑暗。用“野外”来形容它也不那么牵强了。肥胖的圆月离地平线已经约有一掌高，云朵在它面前轻快地飘过。这一掌距离意味着我自月升已经走了大约一小时了（解释见234页）。

我步入旷野，穿过另一个世界的边境线。我没有用手电筒，这趟旅程的目的在于享受月光和拥抱夜晚的不确定与不一样。我不希望给这趟冒险增添一道人造的稀薄光柱。适应黑暗和静寂需要一些时间，但我一边沿着犁过的田地边缘行走，一边等着双眼适应。飞机在天空中盘旋，慢慢掠过天上的星图。天空比地面要明亮得多，田地边缘的树木黑色的剪影突向城郊铁锈色的天空。如果我站定然后凝视满月足够久，我真的能看见它在移动，向着天空更高处爬升。我听见昆虫在路边鸣唱，还瞥见一只野兔跃过。但真正让我吃惊的是我还听到了野兔迅疾的脚步声。我过去从未听到过一只兔子跑动的声音。

我走过一片又一片田野，越来越享受这一片黑暗，觉得自己仿佛在一片黑暗的宁静海中载浮载沉。这是一剂良药，治愈我困于桌前的白日，洗净我意识里纠结的怨怼。夜晚温暖且吹拂着微风，我孤身一人漫步在穿过田野的小径上，偶尔穿过道路，走过住家和农场。

我选定了一个离家20英里的火车站搭乘夜班火车回家，但我走得这么慢，要赶上这趟车是不可能的。于是当走到下一个车站，我决定这一晚就到此为止，该回家了。乘火车回家的旅途短得令我惊异。原来，我就走了这么一点儿距离。但这趟旅程格外地令人放松，格外让人有所启发，使我对平日熟悉到厌倦的风景有了新的看法。那时我就跟自己许诺，要多重复这样的月下之旅。

其他相似的创意

这趟微冒险是为了用崭新的眼光看待熟悉的地点。比如你可以骑车走另一条路上班，或者在你所居住的城市进行一次“五大野生动物挑战”（Big Five safari challenge）。在伦敦，冒险可能是这样的：

- **哺乳类：**在格林尼治或里士满公园发现一头鹿（或者在自然历史博物馆找到一头蓝鲸）？
- **鸟类：**在巴特西找到一只游隼，在佩卡姆寻找长尾小鹦鹉，或者在伦敦动物园找鸵鸟？
- **树：**伯克利悬铃木是英国最贵重的树。
- **蝴蝶：**对大西洋赤蛱蝶保持最高警觉。也可以尝试找出一只大蓝蝶。识别提示：它是蓝色的，还很大只……（不，说真的，其实它很罕见，个头也很小。）
- **爬虫类：**就算在伦敦也有毒蛇，去豪恩斯洛荒原看看有没有机会找到一条蝰蛇。

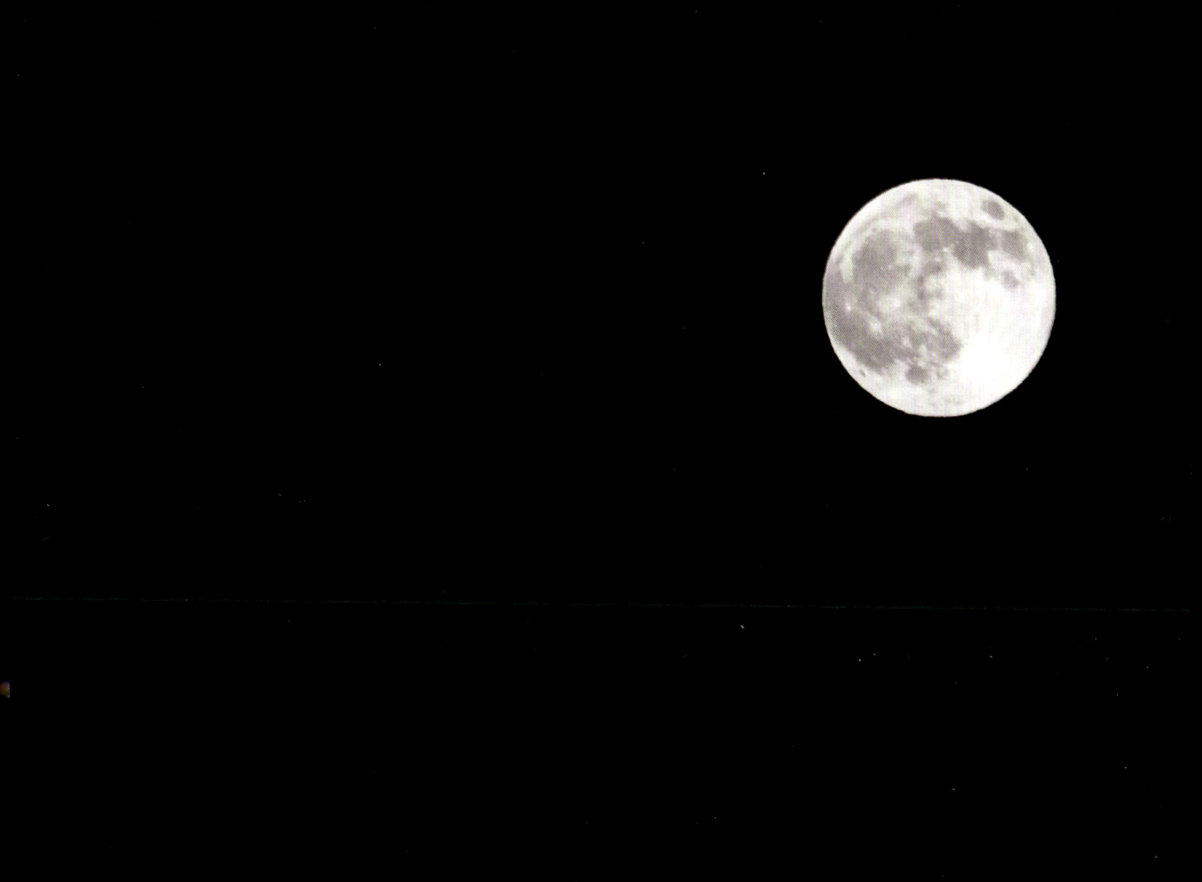

3 步行回家过圣诞

那是在圣诞节前一周，在整个国家所有的道路上都塞满了要回家过节的人们……

所需时间：	由你决定
困难程度：	中等
地　　点：	从你家到你要过圣诞的地方
额外装备：	肉馅饼、圣诞帽、圣诞节毛衣、头灯

对大多数人来说，这是一年中的美好时光，整个国家都沉浸在最欢乐祥和的气氛中。于是与其坐在车龙中干耗节日好心情，不如选择走路回家过圣诞。

我准备在肯特郡过圣诞，而我住在伦敦的一间公寓里。到肯特郡的旅程是我常走的一段路。它既不漫长，风景也不优美，但我希望徒步走完全程，把它变成一个有趣的小挑战，而不是像我平常那样开车或坐火车。额外的好处还有获得一点儿新的回忆，以及一个与圣诞节相称的好胃口。

“于是与其坐在车龙中干耗节日好心情，不如选择走路回家过圣诞。我准备在肯特郡过圣诞，而我住在伦敦的一间公寓里。”

我不希望自己长途跋涉好几英里却没去注意走过的地方，毕竟这趟旅程不是只为了到达终点。所以我给了自己一个挑战，要讲述走过的地方的故事。我会一边走一边定时在Twitter上发帖。我不清楚还会不会有其他人跟踪我穿越东伦敦的进度。但这肯定增进了我自己的冒险体验。

#出门了。我要走回家过圣诞。

#黎明第一抹鱼肚白。走过沃克斯豪尔的军情六处。

#骑车上班的人从身边经过。嗯……也许我该骑车？

#大本钟当地敲了一下。今天伦敦的街道很安静。

#听到小号演奏的《齐来，宗主信徒》（*O Come，All Ye Faithful*）飘过泰晤士河。

#还没走过两小时我就停下来喝咖啡了。我已经没过去那么结实能熬了！

#到伦敦塔桥了。勾掉一个地标。

#灰色的天空，灰色的地面：西伦敦今天很压抑。

#到达金丝雀码头，这个曾经的自命不凡者的中心。

#刘易舍姆没什么圣诞欢呼呢……

#……瞪着那帮怪老头，让他们知道你不是好惹的。

#一个女人把一条想要拉屎的狗拽过了街道。

#在格林尼治踏进东半球。

#边吃肉馅饼边走过格林尼治公园。树木和绿色空间对走这段路的人身心很有好处。

#在伦敦马拉松的起点布莱克希思公地。以前是个危险的地方——有劫道的！

#布莱克希思东边的A207公路是不是有个麦当劳?！我饿了……

#现在到"绿道链"（Green Chain Walk）了，可以走下马路真是福音。

"这趟旅程既不漫长，风景也不优美，但我希望徒步走完全程，把它变成一个有趣的小挑战。"

#好长一段上坡路。希望从这里开始都是下坡。

#好长好长的下坡路——我的骑行王国！

#从公寓开始走了5小时，我看见第一只羊和田野。伦敦再见！

#沿着一段古罗马道路走回家过圣诞。

#食物！我喜欢！

#刚朝两个老太太挥手。两位笑得很灿烂。我觉得她们喜欢我……

#刚经过一个酒吧，告示上说今晚有"肉类抽奖"活动。

#接近达特福德。了无生气的一日也天光渐暗。只剩2小时路了。

#消防员在给儿童慈善组织筹款。离开伦敦以来我看见的第一个节日活动。

#我要是能数得清来路上有多少连锁快餐店就好了。难怪英国人那么肥。

#从伦敦走了7.5小时，我穿过了大塞车的M25公路。

#蓝水购物中心，季节性物质主义的麦加圣城！

#到了！从伦敦到肯特郡走了9.5小时。现在该放松放松了。

其他类似的点子

- 从派对上跑步回家。以前我为马拉松赛进行训练时，会在晚上出门后跑步回家。我喜欢晚上出去玩或者去朋友家吃晚饭后跑步穿过伦敦的街道。有时我会吃得太饱，或者喝得有点醉，没法像个运动员一样尽力做出最佳表现，但我总能享受这样的冒险，以不同方式看待我的城市，去发现它的另一面。
- 去探访你父母的出生地（见110~111页）。
- 绕着你家进行一次旅行（见44~47页）。
- 重组你的通勤路线（见40~43页）。
- 把大富翁游戏里的所有街道都骑一遍，或者按字母顺序把你所在城市的街道都骑一遍。

4 利用周末

所需时间：	一个周末
困难程度：	由你决定
地　　点：	离家数小时路程之内
额外装备：	你的朋友
更多信息：	请扫码看视频

把你所有的周末、法定假日和银行假日加起来，你会发现自己每年有大约130天的空闲时间。这还没算上偶尔发生在阳光灿烂的日子里的“病假”和国际板球锦标赛比赛日。那可是很长一段时间。130天足够你划船横渡印度洋或者骑行到非洲。当然，麻烦在于那130天是分散的，所以有正经工作却富于冒险精神的灵魂们必须下定决心最大限度地利用好他们的周末，而不是在商场里或者综艺节目前虚度时光。

令人讨厌的是，我在英国的住处离野外能有多远就有多远。但到了周末的午饭时分，我仍能身处威尔士境内的山丘高处，呼吸着新鲜空气，看着阳光照耀的布里斯托尔湾，准备着在下山的自行车径上把自己吓个半死。

以下就是秘诀：早点起床。早点起床，你就有时间早点登顶。不是说早到离谱，你牺牲的一小时睡眠，换来的是一小时辉煌的美景。这是公平交换。所以，早点起床。拥抱黑暗，吃好早餐，不用手忙脚乱。然后出发吧。

在哀悼周末的易逝前，请先记住下面这个故事：在20世纪80年代，伦敦一个登山者俱乐部掌握充实周末的艺术。他们在周五下午5点下班后出发，通宵驾车前往苏格兰，在破晓时分到达高地。他们会用整个周末来登山，然后在周日通宵开车赶回来上班——来回路程长达1300英里。所以你可以在一个周末做到很多。

我们一行共三人，从学生时代起就是朋友。自行车被固定在车顶。车里充满了老笑话和孩童般的欢笑声。我们离开伦敦，沿着M4公路疾驰。到上午较晚时我们已经沿着阿凡森林公园一条泥泞的山路往上骑。伦敦仿佛在千里之外。我们浑身湿透，满身泥泞，又饿又冷。整个下午，我们一边骑一边大声欢笑。那感觉美妙至极。

“你牺牲的一小时睡眠，换来的是一小时辉煌的美景。这是公平交换。所以，早点起床。拥抱黑暗，吃好早餐，不用手忙脚乱。然后出发吧。”

然后就是这样。没有更多可说了。这趟旅程当然是既不艰难也不令人印象深刻（我们三个面对最可怕的路段都畏缩不前），我们也没有露营。但这不是这个周末的要点。这样一个周末是为了打破沉闷的例行公事，尝试点新东西，去个不一样的地方，摆脱一种常规。

所以如果你觉得露营是个壁垒，那就跳过它。去找个提供早餐的旅馆住。去酒馆里待着。做你需要做的来实施一个新想法，开始一个新习惯。

别错误地认为因为你只有周末有空就做

不了不一样的或者有趣的、有冒险性的事。用你能用的任何时间、任何装备、钱和技巧，插进一点新鲜的尝试。大冒险可以晚点再来。从小处开始，就从这周末开始。让事情发生。

其他类似的主意

- 通过骑行享受乡野风光的方法还有很多。山地自行车中心会有目的地建设一些路径，它们是测试和改善自己骑行技术的好去处。你可以在网上搜索一个本地的路径。国王森林、格兰特里斯森林、坎诺克蔡斯，还有多尔比森林都有一些出色的路径。
- 海岸越野是一种令人兴奋、有挑战性和有趣的活动，是探索大不列颠布满岩石的海岸线的好方法。网上找一位经过英国海岸越野联盟认证的旅伴随行。
- 参加一个慈善性质的周末团队挑战活动，比如毅行者。
- 为你从未做过的事情找一个周末体验课程。在网上搜索一下你就能找到各种各样的周末外出活动，从攀岩、皮划艇或者航海，到摄影、观鸟或者采蘑菇都有。
- 进行环约克郡骑行（见74~79页）。
- 探索怀特岛（见152~157页）。
- 一旦你习惯了用冒险填满你的周末，你就能变得更无畏：周末攀登勃朗峰，有没有人去啊？

5 迈出家门

我很忙。忙得没时间去冒险。（因为忙着写一本关于微冒险的书导致连微冒险都去不成。这极具讽刺意味的事在我身上应验了。）

所需时间：	睡一晚
困难程度：	容易
地　　点：	你的花园
交通方式：	无
额外装备：	羽绒被和枕头

电脑前的时光开始逐渐累积，模糊成一片让人记不住的岁月。而此时此刻，在室外，春天正向着夏天飞驰。天气糟糕透顶。在潮湿的云朵覆盖下，世界默无声息，了无生气。从我记事起，世界就已经是这个样子了。

但即使在这样的时刻，只要你去看，仔细去看，你总能注意到外面的世界正在变化。燕子从非洲回来了。树缓慢但不可阻挡地缀满了叶子。万事万物都在期待着夏天的来临。而我也应当如此……

昨天夜里天气平静而干爽。我注意到这个仅仅是因为留意到风和雨的缺席。我在桌前工作到太阳下山，窗外的天空变黑了，停下来也只是因为睡觉的时候到了。到了第二天早上，我又会回到电脑前，写作一整天。我准备好上床睡觉（我的睡衣、泰迪熊、便盆……），一如既往。但突然之间，我决定做点不一样的事情——我要逃跑，哪怕只是一小会儿，我要逃出这个无聊的“仓鼠轮”。

所以我拿上了睡袋和一个头灯，拎着个枕头和一本书，走进花园，在室外睡了一夜。我感觉有点傻，明明是躺在自家的草坪上，却要爬进一个探险级的睡袋里。我曾经在那个睡袋里度过了很多个夜晚，但通常不是身处自家花园，枕着柔软的枕头。你喜欢的话也可以盖自己的羽绒被。

然而仅仅是这份新奇已经让人耳目一新。我试着看书，但外面的世界满是让人分心的事物。它比我预期的更热闹，哪怕没有听到夜莺或者猫头鹰的叫声。一阵温和的微风拂过我头上的枝叶。我数着星星和卫星，尽情享受着夜晚，心里明白，如果下雨自己只要飞奔回室内就好了，不需要忍受潮湿的一夜。

我在日出时醒来，为意识到自己在花园里睡了一夜而微笑。自孩提时代起我就没有这样干过了。因为感觉比往日早上起床时更加轻松愉快，我多躺了几分钟，欣赏美丽的景色，聆听春天的声音。然后，我对照耀花园的阳光心怀感激地站了起来，收拾好东西，走进屋去吃早餐。

其他类似的主意

- 周末的早上在户外吃早餐。带上野营炉到树林或者公园里，享受培根三明治和一杯露天咖啡。
- 在你的花园里吃晚饭。你甚至可以选一个寒冷的冬夜。穿暖一点，然后享受一下这种与众不同的体验。
- 用长跑到当地河流游早泳来代替你平常晨跑后淋浴。
- 用公园代替健身房：混合俯卧撑、立卧撑还有带任意变速跑或者重复爬坡训练的平板支撑会是上佳的健身活动。把那可怕的“折返跑测试”（Beep Test）音轨下载到你的MP3上，然后在公园里进行一场旁人看起来非常奇怪、短暂而又痛苦的户外锻炼吧。
- 如果你也像我这样住在英国一个充满夜间光污染的地区（换句话说，一个市镇或者大城市），你可以出发去一个有黑暗天空的地区，让自己重新认识一下满天星斗的黑暗天空有多美。在网上搜索黑暗天空地图和相关协会组织。
- 如果你有一张帆布椅，也知道怎么把自己安全地绑在树上，那在树上睡一晚能让你获得很多乐趣。

6 晚五朝九

所需时间：	16小时
最佳时机：	工作日
困难程度：	中等
地　　点：	附近的山丘
额外装备：	露营袋、牙刷
更多信息：	请扫码看视频

很多热爱冒险的灵魂都被朝九晚五的工作时间所困。可晚五朝九呢？那傍晚下班和第二天上班之间的美妙的16个小时又如何呢？

用另一个角度来想象我们平常的一天24小时是很有趣的。我们通常会把朝九晚五当作一天的主要部分，然后再凑上其他醒着的时间。但要不，就这么一次，在脑子里把这个想法颠覆个底朝天呢？把朝九晚五这个时段画掉，然后在剩下的时间里挤进尽可能多的活动。这本书是关于如何最大限度地利用你的空闲时间的。我知道生活远比这复杂——你的工作时间可能更长，也可能夜晚有别的责任之类的——但拜托至少从理论上考虑一下。

就那么一次，你能在下午5点和早上9点之间塞进怎样的冒险？给你的猫，你的小孩，你的另一半留一盘食物，然后向着山上出发吧！

我把装备装进背包（装备清单见204~208页），然后在下午5点跳上火车，前往最近的有山的乡下。我们不觉得当天往返的短途旅行有什么，何不把这个思维用在夜间短途旅行里呢？跟别人说一声你要去哪儿和什么时候回来，然后出发！

当火车开始加速，我翻开地图做了个计划。列车行程大约需要一个半小时，所以我有很多时间选个好地点过夜。（随着时间推移，我对睡在乡野已经厌倦。如果你是第一次尝试，你可以在196~197页找到一些窍门来孵化属于你自己的计划。提早一些进行计

划能减轻你迈向未知的焦虑，直到这些活动变成你的第二本能。）

“我仰望新月。这是一个黑暗的夜晚，星光明亮。我感觉非常孤单，但孤单得格外自由。”

到了乡下后，我换上舒适的衣服，把西装塞进背包，开始走上最近的山丘。天已经黑了，但我并不介意。夜里爬山很有趣；你对夜晚的声音和气味变得更加敏感，感觉也更加兴奋。这是一个天气温和的春夜，当我在微风吹拂的山顶放下背包，背上因为汗水感到阵阵凉意。

我把睡袋和露营袋在一块柔软的草地上打开。远处的山脚下，小块的乡村灯火散落在黑暗中。我摆脱了地球的束缚，将所有沉闷的事物抛在身后。山下是一个不一样的世界。能在享受山顶风光前等待日出令人愉快。我喜欢期待的感觉。

我仰望新月。这是一个黑暗的夜晚，星光明亮。我感觉非常孤单，但孤单得格外自由。时间已经过了9点半，我缩进睡袋里睡着了。我不仅收获了一次冒险，也比平常在家得到了更多的睡眠。

我被日出弄醒，把头探出睡袋之外，然后坐起来四处张望，露出一个大大的微笑。这是很少在我刚醒来时发生的事。我微笑，是因为迎接我的景色比我的卧室更加有趣。我微笑，因为我刚在山顶上睡了一觉。

这无疑是一件愚蠢的事，但世界正笼罩在美丽而苍白的迷蒙晨曦之中。我能闻到一日伊始的新鲜味道。而这一切都归我独享。在你还没体验过它的时候，当你觉得需要维护自己睡在山顶的决定时，这孤独冰凉的黎明就是那个让人惊呼的时刻——在世界之巅早早醒来，精神振作，还拥有比任何五星级酒店更不受干扰的美景。

我知道微冒险并非灵丹妙药，也不能解决真正的问题和愁苦，但是，在这样的时刻，它们也确有其力量。在一个阳光普照的清晨在山顶一觉醒来，哪怕只是在一个小山丘上，也定能对你正确地看待事物有所帮助，能给你注入幸福的感受，哪怕只那么一小会儿。

而“那么一小会儿”就是这个微冒险的要点所在——因为你还是要准时上班的啊！所以我打包好睡袋，开始小跑下山。我跳下长满青草的小山，享受着双腿温暖起来的感觉。我用跑步热身，因为我享受跑步的感觉，但也因为我有趟列车要赶。刚好时间还足够在一个小湖平静的水面（水温彻骨但美极了）游一会儿泳，然后在车站的咖啡厅喝杯热茶，吃个培根三明治（热乎乎的美味）。

通勤列车总有办法碾碎人的幸福感。但当我打出这些文字，乘着过度闷热、票价高昂、过度拥挤的列车回家时，我知道在薄雾笼罩的寂静日出中醒来，还有跃进湖中的回忆将伴随我很长一段时间。

“在一个阳光普照的清晨在山顶一觉醒来，哪怕只是在一个小山丘上，也定能对你正确地看待事物有所帮助，能给你注入幸福的感受，哪怕只那么一小会儿。”

我第一次这样过夜是学生时代在爱丁堡外的彭特兰丘陵上。冬天的凛冽寒风吹打着

我，城市温暖的灯光在远处闪烁，我第一次体会到了不用帐篷睡在野外的乐趣。从此以后我便乐在其中。

在山顶睡觉是个低廉而简单的微冒险。我也想过很多更简单的方法来快速集中精神，重新调整事情的优先度和获得满足感。看起来在山顶上吃个苏格兰蛋、在睡袋里睡一觉就足以让我开心起来了……

信步去上班时你的衣服可能会有点皱，特别是如果你把自己的西装外套卷起来当枕头的话，但这只是一个小小的代价。我保证你会漠不关心地跟同事问一句他们昨晚有没有做什么有趣的事……

*我可不是在宣扬你要把孩子留在家里吃猫粮啊。带他们一起去嘛。他们一定会喜欢的！

试试其他山丘

确保你有足够装备应对山地环境，因为英国的天气可以变得很快。景色优美、适合在上面过夜的名山包括：

- 苏格兰因弗波利的休尔文山。
- 苏格兰托里登的利亚特哈克山。
- 苏格兰的本莫尔山——它是最北的门罗级山峰[高于3000英尺（1英尺=0.3048米）的山]，十分壮美。它孤立于弗洛康特利（Flow Country）的中心地区。弗洛康特利是欧洲最大的覆被泥炭沼泽。
- 威尔士康威的特瑞凡峰。
- 威尔士圭内斯郡的卡戴尔·伊德里斯（Cadair Idris）山脉（那里也有个漂亮的湖可以游泳）。
- 英格兰萨塞克斯郡的迪奇灵灯塔。
- 英格兰莫尔文丘陵上的伍斯特郡灯塔。

但最好的山还是离你最近的那座，因为你更有可能真的会出门去爬爬它。如果爬山对你来说有困难，那就睡在田野里，或者睡在一个山洞、一个雪洞、一片墓地，甚至就在你的花园里（见33页）。总之在你的晚五朝九的时间里做点什么。如果你觉得自己住得离美景太远，没法做这样的尝试，那我希望这本书里的微冒险能说服你事实并非如此：很多微冒险就在离城市一小时车程的范围内。

我相信本章是整本书里最重要的章节，它真正抓住了微冒险的精髓。我希望你能尝试一下。去嘛！如果你讨厌它，请在社交网站（@al_humphreys/#微冒险#）上跟我说我是个笨蛋。在你回到家和自己的床上时，你会比之前更珍惜生活中的小事物。还有，如果你了解到自己还是待在家里最开心，那恭喜你！这是个好发现啊。

准时的窍门

如果你真的要尝试这个冒险，以下是一些控制时间的建议，好让你的旅途更顺利。

- 网页搜索“日落”。它会马上告知你所在地今晚日落的时间。这能帮你了解这次微冒险会有多少时间在黑暗中进行。时间多少没有好坏之分，但事前了解总是有帮助的。
- 同样地，网页搜索“日出”会让你知道日出的时间。天空会在日出前半小时变亮。假设你需要在上午9点上班，那上班时间对你行程的影响可能会比日出要大。
- 你在晚上有多忙并不要紧，你还是会得到充足的睡眠。但到了清晨，你会有趟列车要赶。理论上，你要做的只是把睡袋塞进背包，穿上鞋子出发。但我总是震惊于第一次露宿的人会花多少时间在这一步上。
- 所以保证你早上能赶上列车的最安全方法是把闹钟设到你能承受的最早的时间。如果这是夏天，天反正亮得早，能有点时间享受这些体验总是好的。如果你需要赶火车，别试图自己做早餐，甚至别试图在大清早弄热饮。这是另一件比你想象中更花时间的事情。等你下山了再愁早饭的问题。

7 通勤冒险

所需时间：	一个下班后的晚上
困难程度：	低
地　　点：	你的通勤路线
额外装备：	公文包、除臭剂

每天有超过百万人通勤上班。对大多数通勤者来说，这是一段乏味、昂贵和浪费时间的旅程。但在天气好的日子，或者你觉得日常旅程开始让你感到沮丧的时候，通勤也能为偶尔为之的微冒险提供一个便利的机会。

你也许每天都走同一路线上班，但你对这趟旅程又真正了解多少呢？你看见了多少呢？下次坐上列车时，从你的手机屏幕或者报纸上抬起头几分钟，眺望一下窗外的世界吧。当你匆匆经过市镇和乡村，你会错过它们之间的世界：哪怕是最拥挤的地区，中间仍能找到田野、树林和小片的乡野。它们很容易就被忽视。让你的目光越过灰色的西装、睡眼惺忪的人们和免费的小报。车外的世界是什么样的呢？坐在那座小山丘顶上看着列车隆隆驶过又会是什么样的感受？那段溪流边的小径通向哪里？日落时分百鸟归巢时，那片杂木林里会听到怎样的声音？在《燕子号与亚马逊号》中有一段与此有关的话：“……就像坐火车时看到的那些地方一样，永远都没有机会去体验那里的生活。”

找一个晚上，在你结束工作之后，何不步行或骑车或跑步完成你日常的通勤路程呢？你可以一路就这样回到家，但更好的是在旅途中间选一个安静的地点，在那里过一夜。在你工作的城市边缘之外的荒野度过一夜。在两个工作日之间夹进一点狂野。去实现它。自己去体会一下睡在小杂木林里是什么感觉，去发现车窗外的世界是怎样的。

第二天早晨，只要去最近的车站坐车就好——按照往常的时间，上往常的车厢——然后照常回去上班。

我在家工作，不需要通勤，因此为了这次微冒险，我决定要找出全国最昂贵的通勤路线。显然那些在圣奥尔本斯（据维基百科所说，是一个热门的居住城镇）和伦敦之间奔忙的人每公里付出的路费比谁都多。我会走同一趟路程，但我会用不一样的方法。我会从伦敦的中心广场向北走，但不乘坐列车。接近圣奥尔本斯的时候我会找一处可以躺下过夜的地方，然后到第二天早上我会和通勤者一起踏上昂贵的火车之旅回城。这能让我对比两段不同的旅程感受有多不一样。

“坐在那座小山丘顶上看着列车隆隆驶过又会是什么样的感受？那段溪流边的小径通向哪里？日落时分百鸟归巢时，那片杂木林里会听到怎样的声音？”

我也希望能够证明从任何一个城市直线往外，在短短几个小时内你就会到达一处美好的乡野。如果你让自己相信这一点，你就会感到安心，因为这让国家感觉上更亲近，让你确信自己不管住在哪里都能参与到微冒险中。

傍晚5点，我离开了位于伦敦桥的想象中的办公室——我选择这里作为出发点，因为这座桥是古罗马人所建的道路体系的一部分，而我将顺着这条路走向圣奥尔本斯。我身处碎片大厦（The Shards），伦敦最高的摩天大楼。既然我想象自己有办公室，我想它干脆可以就是个豪华顶层办公室……这样的地方感觉与一个背着背包、带着露营袋、将要踏上旅程的男人格格不入。我从72层往外眺望，纵览壮观景色。我想建立一种感受：伦敦何等宏大，而走出它是何等的困难。

住在一个繁忙的城市里很容易就忘记了外面的世界还有田野和河流，以及平静。站在碎片大厦的顶端，城市仿佛一直蔓延到世界尽头，填满了地平线以内的所有空间。我试着辨认列车的线路，一直到目之所及的最远处。现在我得自己走到外面去，而不是乘列车奔向地平线。我离开碎片大厦起程了。

第一次出城到野外去找片田野睡觉会让

人感觉畏缩。我特意绕到伦敦塔桥、大本钟和白金汉宫。这些地标和城市中心如此紧密相连，和我将要去的地方相比感觉分外遥远。

我转入沃特灵街，它是一条古罗马道路。今时今日它以A5公路的埃奇韦尔路为人所知。顺着埃奇韦尔路走，经过伦敦过去的刑场后，你会进入另一个世界。路边坐落着中东杂货店和餐厅。经过烤肉店时，热炭上烤鸡飘散出的香味让我鼻子抽动。红色的伦敦公交车缓慢地在街上往来，但我经过的电影院放的是阿拉伯语影片。我心中充满好奇和热情。

离开城市的旅程就像从反方向吮吸一颗夹心糖。你从中心开始，向外穿过不同的层次、口味和色彩，终于到达外界。而这里跟你出发的中心仿佛是两个世界。这温暖夏夜里的每一件事都十分有趣。我畅饮着这一切，当数英里过去，城市的中心逐渐后退，郊区的第一个征兆出现了。

“住在一个繁忙的城市里很容易就忘记了外面的世界还有田野和河流，以及平静。”

我原来不知道到圣奥尔本斯的路有多城市化。旅程不长：不到30英里。我不知道路上会不会有乡野绿化带，还是全程近郊住宅区和商业建筑，所以到达北伦敦第一片真正的田野时，我心里高兴极了。我挤过一片灌木丛，走进田野。我想驻足片刻仔细看看。站在田野里，我放松下来。现在我知道自己一定能找到一个与世隔绝、安全的睡觉的地方，不用在某个麦当劳后面将就。

从我所站之处，田野不受阻碍地延伸了

100米，地面缓缓爬升，连接到一片长满草的斜坡，斜坡尽头丛生着大树。我注意到田地比起小旅程开始的地方是如此安静。景色在我面前展开。这是我自离开碎片大厦顶层以来看得最远的一次。那些橡树比碎片大厦要小，但它们却古老得多。我深呼吸，吸入平静的空气。城市离地平线太近了。

不久我穿过了M25公路，这条恶名昭著的机动车道通常被视为伦敦的外缘。我惊讶地发现离开伦敦是如此容易：开车离城总是那么麻烦。

现在我离圣奥尔本斯只有几英里了，所以我决定找个地方睡觉。傍晚，明亮的金色阳光透过树叶闪烁，照亮了一片浅色的草地。我在酒吧喝了杯啤酒，买了份中餐外卖，离开大路走到一条河边小径。

我震惊了，无法相信自己发现了什么。一条小溪端庄地淌过绿色的水草丛。我知道自己总是固执地认为找到小片荒野极为简单。但即使是这样，我依然无法相信这条白垩小溪竟是这么美。我甚至找到了一个清澈、平静的小池塘，可以快速地游个裸泳提提神，只有不感兴趣的奶牛会看到我。我自然没有料到从摩天大楼到热门居住城镇的通勤路上会有这个。它是个令人愉快的地方，也正是在密集建筑区中找到一小片美景的典型。

池塘边是一片长满草的山坡，我爬上去吃完剩下的肋排。平坦的山顶可以眺望下方的小溪、田野和树林。吃份外卖，早早睡觉，听起来就像很多通勤者的一个典型的工作日夜晚。我躺在草地上读了会儿书。西面一两英里外甚至有人为这趟微冒险添上了一场烟花表演。我在田野的蟋蟀声和树丛后两车道令人平静的轰鸣声中酣然入梦。

早上我会在阳光中醒来，顺着河边小径进入圣奥尔本斯，跳上快车，一路呼啸着沿原路返回——经过我睡过的青草圆丘、我游过的池塘，经过田野还有古罗马道路。在昂贵而无趣的30分钟内，我会回到伦敦的中心。在世界间转换就是这么简单。

所以下次你通勤时，一定要花点时间往窗外看看。野外世界就在外面，等着你去抓住它。

*一个有趣又有力的脚注。我之前计划用坐列车回伦敦的时间眺望窗外，观察两次旅程的感觉有多不一样。结果我忘了这事，把整趟旅程花在看手机和补上前一天的板球新闻上。

注：为了避免你需要有人来说服你，让你相信不仅仅是对懒汉作者如我，这个微冒险对有“正当”工作的“真正的”通勤者来说也是个可以实现的挑战——以下是我的博客里一个帖子下的几句评论：

马丁：每天我坐着列车去上班，看着窗外的郊野景色，充满渴望地看着树林——树林，我们得到树林里去！

AH（作者）：何不找一晚下班步行回家呢？你会用如此不同的角度看待事物。以后你每次坐火车上班都会拥有微冒险的美好回忆了。

马丁：我会在你的建议上再进一步，晚上在我坐车时看到的树林里露营。

马丁说到做到。他写道：“我很高兴能将冒险顺利进行，而我也度过了一个愉快而舒适的夜晚。”

其他类似的设想

- 沿着一条你熟悉的地铁或公交线路步行全程。
- 更多城市探索见182~187页“M25公路冒险”。
- 利用这本书计划更多可以塞进工作日里的晚五朝九冒险。
- 一直坐到列车终点站然后步行回家。
- 和几个同事一起尝试这个微冒险。大家轮流组织，一个月一次，沿每一位成员的通勤路线走一次。你立刻就有了好几个不同的微冒险和好几个一起冒险的伙伴，而你只需要组织其中一次。
- 走遍你所在的镇或城市的每一条街。你身边有成百甚至上千英里的街道等待发现和探索。

8 绕着你家旅行

所需时间：	几小时到几天
地　　点：	绕着你家
交通方式：	你自己定

我最后点了“发送”，关上电脑。又一个工作日走到尽头。那一刻，我决定要踏上这次旅程。那天晚上没有计划，天气也好。于是我在一个小包里塞上睡袋、露营袋、睡垫、水壶和雨衣，往口袋里塞了个苹果，拿起钱包和相机就离开了家。我的目标是绕着自己家走一圈，绕圈时与家保持一定距离，这样就能刚好在第二天早上绕完，赶在上午9点回到办公桌前。

这个想法有几个吸引人的理由：它花费低廉，简单宜人；如果忽然下起雨，我可以直接跑回家。它也能帮助我探索家的四周，发现新去处，让我放慢脚步游览熟悉的地方。即使我没有走远也能到不曾踏足之处。所以我还真需要一张地图，不过将就用手机上的地图App也是可以的。

这个微冒险格外简单。我绕的圈离家门不过2.5英里，环绕的全程大约20英里。但旅程的收获之丰富、令人精神之愉快和振奋，以及路上目睹的全新事物之多，让我感到惊异。事实上，论付出和回报的比例，这可能是本书的最佳微冒险。

旅途的长短并不重要（萨米耶·德梅斯特在1790年证明了这一点：他用整本书写了环游一个房间的旅程），重要的是你安排旅途的方式。这项微冒险的另一个优点是你可以反复进行，却不重复同样的旅途：只要增加或者减短环绕的距离，哪怕只是一点点，也能为你的每一次尝试带来全新体验。假如你住在城市，那你可能会希望把环绕的行程保持在一天能完成的距离。

当我从家往环形旅程的边缘走去时，令

我震惊的第一点是自己行进得有多慢。我走的是一条非常熟悉的路线——我经常在这里跑步，但从没有在这条路上闲逛过。在走的时候，它看起来非常不一样。这帮助我更多一点理解人们为什么喜欢遛狗（当我向一个遛着两只长须猥犬的老人道“下午好”的时候）。日复一日重复同样的路程，留心世界和你如何改变，这其中有一种动人的韵律。缓慢和熟悉让大脑有时间放松和漫步。甚至，这趟围绕家进行的旅程还可以加入摄影这个好活动，每小时照一张，每到整点照一张。它能真正帮助你慢下脚步，享受旅程本身，在最无聊的场景中寻找美。

我以一种狂热的匆忙急速冲过我的少年时代。我总是不满足于现状，总是肯定解决的方法就在地平线以外，总是能有多快就有多快地追逐着。甚至是在跑的时候，我也总觉得有必要对自己狠一点，莫名觉得享受体验是错的。如果我不痛不喘不到呕吐的边缘，我就做得不对，所以能慢慢散步是一种全新的感受。是我长大了还是我变老了？

我爬上一座小山，在山顶右转，我到达圆的边缘了。现在我会顺着这个圆走，直到早上再次到达这一点。我在山顶驻足四望。云不断从左边飘向右边，从北方飘向南方。山下主路上的车在大塞车高峰中首尾相连地慢慢爬行。

在山顶上，我想我能看见自己将要走的整段路程。它看起来相当长，是一段令人印象深刻的步行距离。说真的，我知道到了早上自己会回到家坐在办公桌前喝着茶。这真不是什么史诗般的旅程，但感觉上却像是。换句话说，这是个完美的微冒险。

我一边慢慢前进，一边吃着我的加州苹果。在车辆轰鸣的路边，几匹马在一片郁郁葱葱的田地里吃草。

其中一匹在一个装满水的旧浴缸里喝着水。苹果树伸展到篱笆之外，本地的水果正

在变大变熟。一只斑啄木鸟在我接近时从其中一棵树上猛然起飞，尾羽下的猩红色在它飞过时掠过我的视野。

我随意选择的环形路线意味着我注定要在繁忙的公路旁走上几英里。我对此并不特别期待，但意外地发现这还挺让人放松。世界在身边飞驰更凸显了我的缓慢。

我在一个老酒馆旁拐下大路。那个酒馆已经关门大吉，一副随时要被拆除的模样。它的窗户都被木板封起来了，房子四周用栅栏围了起来。水仙花和树苗从废弃的停车场那开裂的柏油路面破土而出。在停车场中央坐着一个圆胖的男人，他光着上身沐浴在傍晚的阳光下，正悠闲地读报。生活真是丰富多彩……

能离开主路，沿着田野和人行小径前进令人感觉愉快。空气中洋溢着夏日夜晚特有的香气——割下的草的气味，还有千屈菜和峨参的味道。我绕到一个小镇吃饭。现在我双脚疲倦，肚子打鼓。这是个我常来办事的小市镇，但走几小时路后到达让它感觉很不一样。它看起来比一个我开5分钟车就能过来看医生或买肉的地方更加有趣。我买了吃的，回到田野里去用餐。

我经常在世界各地做这样的事，在我的其他冒险里，饥饿、疲倦，以及享受休息和食物的感觉于我已经变得非常熟悉。但这也许是此次微冒险目前最奇妙的感受，因为它让我想起我在其他遥远世界里的“正经”冒险，虽然在我用餐的田野就能看见一个指向我住处的路牌。我离家不过2.5英里，却意外地感觉有冒险性，感觉到精神焕发，感觉到狂野。

夜幕开始降临，但我决定继续走一会儿来品味黑暗。这是个漫长而充满日光的夏天，但夜正开始逼近。这是我自入夏以来第一次体验真正的黑暗。唱诗班正在教堂里练习。门开着，我路过时聆听着他们的声音。

黑暗中，已知变成了未知。即使在这片安全而熟悉的景色中，我发现自己在搜寻着睡觉的地方，搜寻着一个庇护所，就像一个逃犯或是一只野兽。在离家这么近的地方有如此感受实在古怪。这提醒了我踏出自己的舒适区有多简单，以不熟悉的方式体验熟悉的事物有多简单。

我从另一个小镇爬上一座小山，在那上面的一片麦田边缘躺下睡觉。周围黑暗无人，十分平静，我能看见城市的灯光和夜里飞驰而过的警车。山上很适合逃犯藏匿，哪怕这逃犯只是暂时逃离他的电脑和正常生活的疯狂。

清晨我唱起了《太阳出来了》（*Here Comes the Sun*），一如我在旅途中看日出的每一天。我第一次唱这首歌是15年前，当时我在安第斯山脉冰冷的寒冬清晨骑行，周围是稀薄的空气。我看不出现在有什么必要不那么做。所以我边走边唱，期待着早餐。但当我快要走完最后一程时，天变黑了，夏日雷暴突然降临。我几乎是马上湿透了。然而我已经快到家了，所以我不会当太久落汤鸡。

所以我决定不让雷雨困扰我或浇灭我的好心情，毕竟正如莎士比亚所说，“世上的事情本来没有善恶，都是各人的思想把它们分别出来的”。如果你能说服自己享受雨（有时这么说比做到容易），那它就会变得令人赞叹，尤其是在夏天。世界粗犷而原始，大雨打得我头发贴在额头上，衬衫贴在身上。我几周以来第一次感到如此满足。大约一小时内我就能换衣服，回到办公桌前，开始又一个平常的工作日，但这又是如此不同平常的开始。我微笑着，加快了回家的脚步。

计算方法

也许你会想实施一下这个方案。虽然已经好久不上学校数学课了，但我仍会帮你们算！你住哪儿，怎么旅行，你想逼迫自己到什么程度——这些因素决定着你要选择的圆的半径。你要用的公式是这个：$2\pi r+2r$，r就是你的圆的半径，你开始绕圆前离开家要走的距离。

你离家的距离（单位：英里）	你的旅途的长度（单位：英里）
1	8.28
2	16.57
3	24.85
4	33.13
5	41.41
6	49.70

你可能想试试

- 爬上你所在地的最高点，然后走到你能看到的地平线内的每一个高点。如果你住在苏格兰高地可能要谨慎尝试。还有尼泊尔也是。
- 在公司的午休时间进行一个缩短版的冒险——跟随你的直觉穿过市镇，走到从你办公室看到的最高的教堂尖塔。如果你想观察镇上的新去处，每5分钟拍一张照片。
- 挑战自己，每几个月重复一次这个挑战，如此坚持一年。每次半径增加1英里，到年末的时候，你的挑战就会从8英里进展到尽情尽兴的50英里。
- 如果你喜欢环形路线的旅程，去看看怀特岛和M25公路。

9 捉住它，煮熟它，吃掉它

英国感觉温顺而乏味。这片土地为人类所管理和控制已经有千年之久。它拥有世界上最高的人口密度之一。

所需时间：	一个晚上
困难程度：	难
地　　点：	本地
额外装备：	垂钓装备，后备食物

即使是我们看到野生动物的时候——比如车前灯照到的狐狸，日出时受惊跃过田野的鹿——这仍然是发生在人类塑造并主宰的环境里。但在水下，万物依旧狂野。除去我们建坝拦河、改变河道和污染水体的倾向，水面以下的领域仍属于居住在那里的生灵。

这是我热爱河流的众多原因之一。河流、湖泊、海湾和英国11000英里的海岸线提供了与野外世界的重要联系。探索河流有无穷无尽的方法（我多想把水下探险也囊括到这本书里）。它们都可以被纳入微冒险中。

一个与野外环境斗智斗技巧的方法是捉鱼。但别急着喊："人类又来干预自然了！"我建议的是捉鱼作为食物，而不仅为乐趣。这当然胜过笼养鸡、养鱼场或狂耗资源的养牛场。把这看成你赚取炸鱼薯条晚餐的正当手段吧……

我和伊丽莎以及克里斯坐在河岸上，而安迪在我们前面几码（1码=0.9144米）外的草丛里蹑手蹑脚地走过——他不仅有许可证和渔竿，他还确实知道渔竿怎么用，不像我。

我们来树林里享受一个夜晚。计划是自己去捕食晚餐（或者更准确地说是安迪去捕食晚餐），然后在篝火上煮熟它。这是个朴素的想法。安迪已经跟我说过他是个很棒的渔夫，我可以期待一顿煎鳟鱼的盛宴。

在河边度过几小时有种身心放松的作用，知道在那些平静的池塘里有肥美的鳟鱼则更添一份兴奋。不是自己亲自钓鱼这事并不让我觉得困扰；我还是很享受这趟出行。这样的冒险我以前也做过，我曾在萨塞克斯郡一个温暖的夜晚在平底锅里放上河鲈和酸模以及野蘑菇一起烹煮。但任何时候鳟鱼都远胜鲈鱼……

“这是像猎人般生活或与野外世界斗智斗勇的不利一面：你不会总是赢。”

树木低垂向水面，燕子盘旋划过天空，雨燕尖叫着在它们上方滑翔。我们笑着小声聊天。安迪一次又一次潜行和抛竿，仿佛专注的化身。日头低垂，柔和的阳光映在汩汩流淌的河面上。这是个完美的傍晚。

非常完美，除了我们什么都没捉到外。

这是像猎人般生活或与野外世界斗智斗勇的不利一面：你不会总是赢。幸好我们对安迪的“高超技艺”有充分的怀疑态度，所以还带了其他食物以防万一。于是我们在树林里野炊和扎营，很高兴能在一年中最闷热的日子身处清新户外。这是个完全不觉得是失败的失败微冒险。

* “安迪”有可能不是也有可能是个假名，用以保护我羞愧的渔夫朋友。

河流冒险的建议

- 如果你年龄在12岁或以上，你需要有执照才能在河流或湖泊钓鱼。网上搜索你们当地所需的执照信息。海钓不需要持竿执照。
- 如果你喜欢的是本章的食物部分，翻到139~142页看食物微冒险。
- 如果你喜欢更多与河流有关的微冒险，那就试试“跨越英伦——狂野之旅”（70~73页）、“从源头到大海”（112~114页）和“河中畅泳”（84~87页）。
- 关于野外生活，看101~103页“返璞归真”。

10 参加比赛

“50%的冰冷恐惧，50%的乐趣”就是我对比赛第一圈的形容。我疲倦地从自行车上下来，而我的队友带着刚投入比赛的激情在潮湿的赛道上渐渐远去。我疲惫不堪，浑身泥泞，因为几次撞车而颇受打击。有人给我递过来一杯甜丝丝的热茶。

所需时间：	从一小时到一个周末
困难程度：	由你决定
地　　点：	本地
交通方式：	徒步或骑车
更多信息：	请扫码看视频

差不多24小时后，最后一圈赛程更像是10%的乐趣（因为骑车一路溜下山总是很有趣）加90%的筋疲力尽。在骑了一天一夜后，7英里环形赛道的新鲜感也有点被消磨掉了。

这就是Strathpuffer，英国最艰难的24小时山地自行车赛之一。我参加了其中一支4人轮换队伍。Strathpuffer在1月份于苏格兰北部举办。24小时中，我们有15个小时是在黑暗中竞速。

比赛的开始是一段松树林内的漫长上坡，路面因为结冰湿滑得像雪橇的赛道。在头20分钟经历过频繁的爬坡、打滑和撞车之后，我恨透这赛道了。一具放在生锈自行车上的骷髅注视着我诅咒铅灰色的天空和这愚

蠢的、难骑的冰壳。然而，其余的赛道补偿了严酷的冬季比赛条件。赛道有一段技术性放置的石板要通过，有一段陡峭的单向道回转穿过荆豆丛，还有一段俯冲穿过森林的赛道能让人在凌晨3点发出欢快的呼叫。或者我该说“特别”是在凌晨3点，因为那才是疯狂真正降临的时刻。

赛事继续进行，让开头几小时赛程恐怖异常的冰已经被刮掉了不少。于是泥泞替代了冰，黑夜替代了白天，在15小时漫长的夜间赛事后，白天又一次替代了黑夜。而我们仍在继续比赛。

扩音系统里的音乐让运动员们一直保持着高昂的斗志：赛事伴随着斯普林斯汀的《永不放弃》开始，紧接着是同样恰如其分的《少说话》（多一点行动，拜托）。到了夜晚，一支乐队陪伴着等待疲惫队友抵达和交棒的骑手们，让他们泥泞的双腿一直踏着步，沉重的眼皮不至于合上。

“到了夜晚，一支乐队陪伴着等待疲惫队友抵达和交棒的骑手们，让他们泥泞的双腿一直踏着步，沉重的眼皮不至于合上。”

在赛段之间，我们喝茶，狼吞虎咽地吃东西，互相交换冰上跌跤和在泥泞中被刺破轮胎的可怕故事。Strathpuffer有我在耐力赛中追求的一切：它既艰难又有点儿傻，举办地风景优美，即使最硬核的竞争者在它面前也会变得谦逊而乐于自嘲。

其实我能清晰地意识到大家的行为有多荒诞。上百个沾满泥巴、以蛋糕为燃料的傻子绕着森林骑了一圈又一圈。而在世界的其他地方，人们还沉浸在他们的周六、日早晨的懒觉里。但当时钟走过24小时，赛事结束，一浪浪的疲惫被温暖的满足感和手足情谊，还有对自家床铺的深切渴望所取代。这是艰难却美妙的24小时，我们都用它来和新老朋友在美丽风景中做些崭新而困难的事。

“赛道有一段技术性放置的石板要通过，有一段陡峭的单向道回转穿过荆豆丛，还有一段俯冲穿过森林的赛道能让人在凌晨3点发出欢快的呼叫。或者我该说‘特别’是在凌晨3点，因为那才是疯狂真正降临的时刻。”

参加这样的比赛会是令人难忘的周末微冒险，而在英国你有很多选择，因为全年有数百个类似的赛事。不管对你有挑战性的是24小时拉力赛还是5公里公园长跑都不要紧，重要的是去尝试，做一点困难的事，把它作为另一个更大的冒险的踏脚石。比起周一早上肌肉僵硬、几乎爬不上办公室楼梯的痛苦，参加比赛的收获早已超越票价。

对首次参赛的建议

微冒险并不只为喜欢野外露营的人而设。这个概念也适用于任何想要尝试新事物、打破无聊常规的人。“走出你的舒适区很重要”已经是老生常谈了，但这话说得没错，走出舒适区确实重要。

组织好的活动是最容易定下来去参加的。因为定下来就是任何冒险最困难的部分，参加比赛就成了一个开始冒险的简单途径。参加过一两次比赛后，你也许就会想去尝试更大胆的冒险。

比赛的美妙之处也在于它们总能有一批适合不同能力水平的人。不管是在本地公园的5公里跑，或是在沙漠里进行超级马拉松，还是24小时山地自行车赛，每个人都能在比赛中把自己拼到极限。别因为你不会赢就放弃参赛：我一辈子还没赢过一场比赛。参加比赛就是为了乐趣，为了挑战和鞭策自己实实在在地做点什么。

Strathpuffer耐力赛就很好地展示了这一点。我参加的是团体赛。团体赛是最不费力的，你可以和3名队友分担赛程，在24小时中不断换人绕圈。如果这个对你来说太简单，你可以参加双人赛。如果你真有那么厉害，那就参加个人赛，自己24小时不停地去绕圈。但即使是那样对某些人来说也还是太简单：有些疯狂的少数派是骑单速自行车参加Strathpuffer的——就是没有变速装置的自行车！总有人会更疯更傻，不管你想挑战什么！

本书不会教你怎么训练和准备比赛，但接下来的建议能帮助你到达终点，不管你在踏上起跑线时带着什么装备，拥有什么体魄。

把握自己的节奏。别向朋辈压力和内心的大男人受虐主义屈服，一开头就冲得太快。我肯定你会无视这个建议，尤其你要还是个男人的话。但尝试放松点进入一个稳定的竞赛节奏，然后专注自己的比赛。除非你计划要赢（这种情况下这一章就不是为你而设的了），否则你就只是在与自己比赛——要么完成个人的最佳时间，要么就是完成比赛。在不知道其他人的本事之前尝试跟上他们的步调是愚蠢的。

多喝水。确保你比赛前、比赛中和比赛后都喝很多水。你不用疯狂地喝，但定时喝几口水是个好主意。到你觉得口渴时已经太晚了：那时你已经脱水了。

多吃东西。这个适用于长途竞赛而不是短途赛事。长途竞赛中养成定时吃东西的习惯对保持高能量水平是很重要的。长度为数小时的比赛你可以用能量果冻、能量饮料和水撑过去。对于更长时间的比赛你可以尝试诸如坚果、葡萄干、肉干、烙饼和香蕉这样的食物。吃多种食物有助于你摄入不同类型的碳水化合物、蛋白质、脂肪以及重要的矿物质。关键是你要在长途训练中练习吃东西，看看你的胃能在这样的长途比赛中接受什么样的食物。不然如果吃得不对后果可能很糟糕……

如果你现在觉得受到了鼓励想去挑战一个比赛，可以到www.findarace.com上看看。或者要是你想尝试一次超级马拉松，请访问www. ultramarathonrunning.com/races/uk.html。

其他比赛

英国有很多疯狂的赛事。例子包括马恩岛的“追日赛跑”（一场从日出持续到日落的100英里环岛接力）、145英里的大联盟运河超级马拉松赛、95英里的西高地之路赛跑或者在图厅贝克绕着同一个跑道跑24小时的“自我超越”赛。www.findarace.com的团队把这些选为他们在英国最喜欢也最值得尝试的比赛：

- 人山对抗赛（Man vs Mountain）

  www.ratracemanvsmountain.com

  奔跑20英里到达斯诺登峰峰顶，然后折返山下。路上要越过数个障碍，包括绕绳下降和深水穿越。

- 达特河10公里（Dart 10K）

  www.outdoorswimmingsociety.com

  在德文郡顺达特河游10公里。它被称为一趟旅程，而不是一次比赛。参赛的选手会按自己的步调来游。它是属于户外游泳的马拉松赛。

- 巴特米尔铁人三项（Buttermere Triathlon）

  www.highterrainevents.co.uk/18.html

  很有可能是英国风光最美的铁人三项。赛事包括在巴特米尔湖进行的1.5公里游泳赛段，沿着霍尼斯特山径进行的44公里公路自行车赛段，以及环绕克拉莫克湖沿岸进行的10公里赛跑赛段。

- “敦威治发电机”通宵骑行活动（Dunwich Dynamo）

  www.londonschoolofcycling.co.uk/content.php?id=18

  一项从伦敦到萨福克郡海岸的200公里夜间骑行活动。活动于每年7月最接近满月的周六夜晚举行。它是一项免费活动，你只要到场去参加就行。

- 红牛越野赛（Red Bull Steeplechase）

  www.steeplechase.redbull.co.uk

  一项穿过峰区核心的21英里淘汰赛。赛事共4个赛段，每个赛段最慢的一批参赛者会被淘汰掉。

- 国王森林耐力赛（Howies Coed Y Brenin Enduro）

  www.summitcycles.co.uk/enduro

  1000个骑手会同时起步，参加这项山地自行车耐力挑战赛。

11 一次办公室出行体验

雨敲击着窗户。键盘在我身后啪啪作响。日光灯管闪烁着，发出嗡嗡的声音。收音机在角落里小声播放着。我到这里来，是要带领3个办公室职员踏上他们的第一次微冒险。

所需时间：	一个晚上
困难程度：	中等——因为要做好计划以及带上烹饪工具，而不是因为旅途本身
地　　点：	工作场所附近
额外装备：	干净衣服，准备在你明天上班的时候换上
更多信息：	请扫码看视频

在等待他们工作收尾的时候，我看见楼下一个老人开着代步车加速穿过湿漉漉的停车场。我叹了一口气。我在露营袋里度过了很多个晚上，但并不情愿在这种天气里多带上几个人。而面前的3个人从来没睡过露营袋，现在看起来也不太乐意在这种天气到户外去。

但我们坚持下来了。这基本就是人生中成就一点有趣事情的关键了。就是你要走出去，放手一试。于是我们出发了。

奈杰尔、托尼、科林和我骑车穿过湿透的灰色街道和一两场大雨。我们顺大街而下，离开市镇。在一个小市镇，逃离很简单，只需步行或骑车即可。如果是大城市，那就坐火车。不管用哪种方式，离开城镇都很容易。唯一困难的部分是动身去做。

我们离开城镇，迎来更干净的空气和更明亮的天空，雨在这时也停了。阳光甚至开始照耀。湿漉漉的灌木树篱在夕阳下闪闪发光。我们用力踩着踏板，在通向海边的安静道路上你追我赶，为这简单的快乐大声欢呼。

路渐渐变窄。头顶的树木变得越发浓密。我们离开柏油路面，沿着一条路边结满黑莓的马道骑行。我们翻过一个山丘，像疯狂的小孩子一样追逐，沿着一条蜿蜒的窄道一路向下，向下，向下，一直骑到海边。我翻了车，整个人从车头飞了出去，摔在一片灌木丛中。所有人都笑了，然后继续往前冲。我们去得正是时候。阴沉的天空灰蒙蒙的，海面泛着一层奇异的紫光，但天空和海水之间燃烧着明亮的红色落日。就在我们抵达的几分钟后，它沉落到地平线下。我们多么高兴自己达成了此行，就为了尽情享受此时此刻。

在悬崖下的海里，海豹安静地上下浮动。科林注意到骑车到这里用的时间和他平时开车回家花的时间一样长。他放弃了无聊的通勤，换来一次自行车之旅、一次美妙的日落和一片海景。我们在悬崖顶上一片长满草的凹地打开睡袋。至少在今晚，这就是我们的家。它庇护我们不受风吹，却又对星星和大海敞开了胸怀。我们吃饭，喝酒，聊天。

我躺了一会儿，遥望星星和远处灯塔规律的闪光。还好那晚没下雨。我们在日出时醒来，享受了温暖而充足的睡眠，然后有一

句没一句地聊着不用帐篷睡在星空下的奇妙体验。对第一次尝试的人，这样的体验充满震撼力，真的。然后加上一杯浓缩咖啡和一个培根三明治，在海里游个泳，再骑车去上班，你的工作日就有了一个愉快的开始。

米尔顿-凯恩斯微冒险

过了一段时间，我又与其他办公室的人重复了这个冒险。这次是在米尔顿-凯恩斯区商业房产里的灰色无名仓库，又一个不像会进行微冒险的地方。又一次，我等着大家工作收尾——这个地方有更多呼叫中心耳机，更多的盆栽和日光灯管。但一旦逃出办公室，我们就骑行在了风景优美、愉快得令人惊异的山地自行车小径上，追逐着春天易逝的日光，一直到离城镇几英里路之外。我们背上了小背包和露营装备。天色早早变黑，晚上很冷，所以我们事先标记了一块田地作为睡觉的地方，然后在旁边的酒吧消磨时光，直到打烊才微醺着离开去睡觉。

夜晚到处是狐狸和兔子的吵闹声。结了霜的黎明寒冷而美丽，就像康斯特布尔的画作。我们并非身处异国，这不过是运河边的一块休耕地。每20分钟，进入伦敦的快速城际列车就会呼啸而过。但列车的噪声并不讨厌，反而提醒着我们荒野一夜离日常通勤不过是一步之遥。我们只踏出了小小的一步，却收获了可以回味良久的记忆。

轻纱般的薄雾低低地飘浮着，苍白暗淡的太阳升起，草叶上的白霜闪着微光。我们骑车回城，为了温暖身体而骑得飞快。这时安迪朝我大喊："这可能是很久以来我做过最棒的事情了！我真的很开心！"

⑫ 格拉斯哥户外一夜

我热衷于传播晚五朝九冒险的理念，敦促人们好好利用那宝贵的16个小时——我知道自己需要突破已有的朋友熟人圈子。

所需时间：	一个晚上
困难程度：	挺容易
地　　点：	你想去哪里都可以
额外装备：	双筒望远镜——回头看看你所居住的城市会很有意思

说到底，也许我那些喜欢睡在山上的朋友都是怪人，并不能作为普通人的代表。我也想把微冒险介绍给其他人，看看他们喜不喜欢。所以我在Twitter上招募了几个志愿者

（通过#微冒险#话题标签），然后前往格拉斯哥。这是座我不了解的城市，我要去与一些素未谋面的人一起尝试做点新事情。我希望这能证明微冒险有多容易实现，所需的装备、计划和专业知识有多少。

我的火车在5点到达格拉斯哥。即使是在一个繁忙的车站，要找到其余几位微冒险者也很容易：只有他们背着背包却没有行色匆匆。我们一行有5人：三男两女。我们从没见过面，对对方一无所知，很可能唯一的共同点就是愿意跟几个陌生人在山顶共度一夜——我们很快就会熟悉啦！我通常不会主动去找自己不认识的人，但我很享受所有和陌生人一起进行的微冒险！

我们的微冒险目标是要保持简单并在本地进行。我们一起登上一列挤满通勤者的列车，互相打招呼，随着列车摇晃着缓缓驶出城市，前往最近的大小合适的山丘。为了将装备和物资的复杂程度降到最低，我们会在高沼地脚下的小酒馆吃晚饭，然后第二天再下来吃早饭。这样我们就能把装备减到最少。去酒吧也给了我们一个机会，在上山之

前就着啤酒和汉堡互相多了解对方一点。

那两个女孩子，克莱尔和香农还是学生。她们都喜欢户外运动，但从未睡过露营袋。从心理上来说这跟在帐篷里度过一夜是很不一样的体验，但帐篷也不过是给了你受到保护和居于室内的错觉，这也是我一直号召要体验露营袋的原因。女孩子们对新尝试都很兴奋。斯图亚特对这些事就有更多的经验：他过去很享受做计划然后出发去山区进行长途旅行。但现在他发现自己当了警官后要轮很长的班。他还有一个年幼的女儿，所以找时间上山就变得十分困难。斯图亚特希望微冒险能给他一些新想法以便在忙碌的生活中享受一把新鲜空气和独处。

“我们从没见过面，对对方一无所知，很可能唯一的共同点就是愿意跟几个陌生人在山顶共度一夜。”

克里斯是我们的第五名成员，他是个有经验且活跃的户外爱好者。他其实就住在我们要爬的山脚下，所以这是个很好的提醒，提醒我们在寻求短暂的微冒险时，不要忽视了家周围的乡野。它们离你家很近并不代表它们就没意思了。

晚间的天气非常好，我们离开酒吧，走过一片铺满风铃草的树林。我们走过最后几座房子，拐向山上。我喜欢路过住家，因为这让我们在做的事情显得有那么一点点傻乎乎的。5个有舒适的家、有高床软枕的陌生人反而要选择在山上一起过一夜。我们一路走着，太阳低垂，阳光晃花了我们的眼。地面映着一层轻柔的蜂蜜色光芒。羊羔在绿油油的草地上把自己吃胖。我们觉得自己能到外面来非常幸运。

虽然比起很多人我的生活压力很小，但每次出门我还会从生理上感觉到放松。积累下来的压力和烦躁被一扫而光。往山上走去时我会格外地感觉到脚步变得轻盈，浑身的压力被释放。我的呼吸变得更轻松。我相信原因有几个：离开与压力或无聊关联的地方，到达新的场所；无法处理（因此也更少去担心）所有繁忙、惹人厌的生活要求；思想的脚步放慢；新鲜空气、自然风光和锻炼带来的简单的快乐。

香农跟我们说，虽然她经常和家人一起野外露营，但她从未试过在日落时向山上进发。她从未在晚上身处野外。她穿着牛仔裤、一件法兰绒衬衫和天伯伦的靴子，看起来像是去格拉斯顿伯里而不是要上山。你不会想穿成她那样去爬一座真正的高山，但在春天爬一座郁郁葱葱的小山倒是没有问题。她的家人觉得今晚到这里来是疯了，她这么说着，露出大大的微笑。

脚下的小路逐渐消失了，现在我们要直接爬上陡峭的山坡。我们渐渐不再说话，省点力气直到到达峰顶。然后我们一边分享一袋糖果，一边欣赏风景。风景美极了。

山上风大，四处无人。日头慢慢落下，将世界留给黑暗和我们。西方的海湾像一池水银一样闪着微光。但我的目光被南方吸引过去，那是我们留在身后的城市。

高楼区的灯光开始闪烁。“长昼将尽，月亮缓缓攀登。来呀，朋友们，探寻更新的世界，现在尚未为时过晚。”（丁尼生的诗《尤里西斯》）这并不是奥德赛，但此刻的灯光美得不寻常。景色真的十分美丽。城市填满了平原，满月高悬于天际。在眼前，城

市比起你身处其中时，更像是设在古老恒久风景上的临时营地。百万盏橙黄色的街灯映着寂静街道上方的天空，斯图亚特警官指出他在格拉斯哥的工作区域。他向我保证，今晚那里的街道可不会寂静到哪里去。他是希望能离开他平日的居民们一晚，到这上面来享受宁静的！

灯光像熔岩一样流过平原。我们有如此多的乡野已经被涂上了钠灯的橙黄色。而我们视之为理所当然，常常要花工夫才能寻获黑暗和星辰，这是多么可惜的事情……我的思绪被克里斯的抱怨打断了，他发现自己忘了带牙刷。

我们从山顶往下走了一小段路，借山势以抵御晚风，然后在草丛间找了一块平地。现在夜晚变得寒冷，我们尽可能穿暖些。克莱尔宣称这里是天堂，然后我们全部安顿下来，在安静的沉思中入睡。

清晨的第一个声音是一只云雀在我们头顶歌唱，你不能要求比这更好的闹钟了。可怜的香农很早就在黎明时分醒来，然后再也睡不着了。她在悬崖边看日出。没法否认你在自己的床上会睡得更好。但让我高兴的是，我们整队人都说希望什么时候能再次进行同样的旅程，尽管我们低估了夜晚会有多冷。

夜晚的这点不适，在我们伴着清晨灿烂的阳光走下山时得到了充分的补偿。要是我在家，估计现在还在睡觉。这是更好的一天的开始。

我和一群陌生人走上山，下山时则收获了一帮朋友。对我们小队里的一些人来说，只因为Twitter而走到一起的体验不啻一次微冒险的顿悟。斯图亚特形容这是他最美妙的一次通勤。

就是这样，这就是看待微冒险的方式——不是什么宏大的、复杂麻烦的冒险，而是你可以在一个普通的通勤工作日完成的事。因为很快我们就会回到车站，然后回到城里，被繁忙的世界又一次吞没。

尽情梦想，从小起步，分享你的故事

对于忙碌的人来说，实际上维持无野心的小冒险计划比做被没时间、行程不合适和无趣的旅伴限制的大冒险计划，更能让你多到户外去。

无论如何，你可以梦想着大冒险并开始有计划地去实现它们。但为什么不把你的大计划浓缩到尽可能小，然后从那里开始尝试呢？如果你想要骑自行车环游世界，首先试试骑自行车环游英格兰吧。如果你想攀登K2峰（乔戈里峰），就从爬本地的山开始吧。如果你想步行到北极圈，就看看自己能不能做到徒步穿越你的国家吧。

如果你想和其他对微冒险有兴趣的人接触，就用#微冒险#在网上搜索。尽管有些人批评我只给人们推荐一直在做的活动，比如给野外露营、骑行、乘拖拉机内胎漂流等加了个漂亮名字和话题标签，但我想微冒险的“社群”效应会成为它最宝贵的资产。我知道讨厌“微冒险”这个词的徒步老鸟，听到我说“社群”会更受不了。但话题标签是一个有力的手段，它能帮助人们找到彼此。他们在张贴山顶日出的美丽照片时，不仅有着相似的兴趣和热情，还面临着相似的忧虑和限制。它给了“普通人”信心去想：“这我也能做到。不但能，而且我会去做。”

所以在社交网站上搜索你喜欢的#微冒险#吧。如果这句话让你一片空白或者让你生气，那你就去图书馆读《流浪的优雅艺术》（*The Gentle Art of Tramping*）好了。

13 跨越英伦——古老之旅

住在城市里很容易忘记冒险，忘记抬头看看今晚的云飘过天空，忘记季节的转换和树木在春天萌芽。

所需时间：	两天以上
困难程度：	中等
地　　点：	英格兰北部
交通工具：	自行车
额外装备：	第72号公路地形图
更多信息：	请扫码看视频

尽管有些时候，你会觉得自己住在一个与世隔绝的茧里，但你离冒险从不遥远——只要你肯去找。从任何一个城市骑车或步行几小时，你就会到达一个新的地方，一个美丽而狂野的地方。

任何一个从大海开始或结束的旅程都令人满足。我眺望着北海，等待日出。冰冷的褐色水面倒映着天空中华丽的红光与紫光。这样的景致理应是太平洋岛屿的黎明，而不是英格兰东北海岸的冰冷冬日。

我的愉悦略有失色，因为穿上了所有的衣服，包括晚上睡觉要穿的那些之后，我还是觉得冰冷彻骨。

轻装出行是一回事，装备上犯傻是另一

回事。我犯傻了。这不是什么太平洋岛屿。这是曾经的罗马帝国北方边境。这个帝国曾经从温暖的幼发拉底河岸一直延伸到这潮湿冰冷的英格兰北部。哈德良长墙标示着千年前的北方边界，我的计划是沿着它行进。

这是我第二次骑车穿越英格兰。上一次我走的是相反的方向，从西到东。在15岁时的一次期中假期，我和两个朋友一起越野骑行。那是我的第一次冒险。

整个哈德良长墙骑行之旅是一条官方标定的路线。你可以沿着第72号公路的路标轻松横越英格兰。这，就是一个易用型的冒险。日出已经结束了，虽华丽但也短暂。现在天空变得灰暗冰冷，沉甸甸的，仿佛充满了即将来临的雪。我开始按着路标的指示向西骑行。

我沿着老鱼市骑行。这里的历史一直可以追溯到13世纪。在英国境内旅游的结果之一就是会不断地沉浸在历史中，像我就几乎不会多看它一眼。天太冷了。我从缓慢涨潮中轻轻起伏的渔船边经过，海鸥尖叫着俯冲。通勤者在堵车中排着队，手指跟着我听不见的乐曲打着节拍。我尽可能骑快一点，以便找最近的商店多买一点衣服。旅行了这么多年我本该有能力打包好足够的装备，但显然并非如此。（也许你应该对我在本书中给出的建议都抱一点怀疑……）还好，我很快路过其中一家我最喜爱的户外用品店，并囤了一堆毛衣。

我骑车穿过纽卡斯尔，身上更暖和，人也更开心了。我从那些壮观的桥梁下经过，沿着泰恩河逆流而上，再次回到乡间。路程并不远。城里的自行车径能让你鼓起勇气，帮助你躲避车流，提高速度，然后突然之间

你就会注意到自己已经把城市、居民区和仓库都抛在身后。我正独自一人在一条乡间车道骑行，路以一种不太古罗马的方式蜿蜒起伏。

我独自一人，能自给自足，想在哪里的餐馆停下都可以。我非常喜欢这个想法，于是就停了下来。我想做什么都行，想选什么样的步调都可以。这就是自己去实现一个不费工夫的微冒险得来的美味与自由。雪在餐馆的窗外打着旋儿落下。我决定再喝一杯咖啡。

到了下午，我到达了千年前曾横跨英国的古罗马城墙。今天它是英国28个受保护的

“这是曾经的罗马帝国北方边境。这个帝国曾经从温暖的幼发拉底河岸一直延伸到这潮湿冰冷的英格兰北部。”

世界遗址之一。说真的，这里其实没有多少景观可看。这里是耕地，到处是用著名城墙上拆下来的石头建成的干石墙，但城墙的残余部分仍值得一看。它们坚固扎实得惊人。能到这里来我很兴奋。地上的雪积得又厚了一点，雪从天上持续不断地落下，落在湿润粗糙的高沼地上。带刺的褐草刺破雪层。我能想象古罗马士兵可怜巴巴地站在这里，穿着凉鞋，心想自己是怎么沦落到这个可怕的地方的……

我想看罗宾汉之树。那是一棵西卡莫槭树，它戏剧性地独生于两座小山丘之间的低地，覆盖着古老的城墙。四下无人，在我抬头看着它时，雪片落在我的身上。这里有一种触手可及的历史感。短暂的寒冬白日走到了一个苦涩的终点，我很高兴能到这里来，站在罗马帝国前线的古老城墙旁，离之前光顾过的户外用品店不过几小时路程。

但天气正在变糟。有些时候，微冒险的乐趣似乎只在于提醒你，你想尽办法逃离的地方其实并没有那么糟……

我听说这附近有一座村舍，现在我就寄希望于找到它。我原定是要睡在露营袋里，可一旦你有机会睡在一个干燥的室内场所，在冬季露宿雪中的吸引力就会大为下降！微冒险的其中一个规则就是谁都可以觉得不舒服。所以我把自己的自行车藏在树下，四处搜寻那间村舍。住惯了城市，我很不放心把我的自行车——我的骄傲和快乐随便靠着树放一夜。但我身处乡野，时已黄昏，天下着雪。贼不太可能出门吧。

我开始向北走，手上只有一份手绘地图指示一些大概的方向。我尽可能快地穿过湿软的沼地，泥粘在我的骑行鞋上。黑暗正在降临。我不想被黑夜赶上。我的地图在雨夹雪中化开。我知道天一黑自己就不可能找到庇护所了，要是地图烂掉了也一样。我加快脚步，蹚过泥潭，翻过大门，在最后的夜色中，我看到村舍藏在一小片树林里，终于松了口气。

村舍是英格兰北部的古老景致，大多数在苏格兰，但英格兰北部也有一些。村舍是一个偏远的庇护所，不锁门，谁都可以使用。村舍通常除了有屋顶、有门和有时会有窗户之外就没什么别的了。如果你运气好，里面会有睡觉的平台。如果你非常幸运，那里面还会有壁炉。你不能祈求更多，必须自备补给、床铺和娱乐。村舍基本就是给你一个屋顶过夜，但这样的夜晚你也别无所求了。

“我眺望着北海，等待日出。冰冷的褐色水面倒映着天空中华丽的红光与紫光。这样的景致理应是太平洋岛屿的黎明，而不是英格兰东北海岸的冰冷冬日。”

我推开门，太多的恐怖片和过分活跃的想象力让我进入黑暗空间时觉得很紧张。门吱呀一声，就像恐怖片里那样，但进门后我的恐惧逐渐退去。我用手电筒左右扫视。村舍是空的，只有我一个人，房间冰冷但干燥。有两个简单的平台用来睡觉，一把扶手椅和一本其他到访者留下的书。村舍里还有个圆木壁炉。我微笑起来。

我丢下东西，带着重新燃起的热情再次出门收集柴火。我能找到的木头都是湿的，幸好前一位到访者留下了一堆木头，现在已经晾干了。所以我用了他的木头，而我收集的木头会在下一位探访者到来时晾干。

当火焰给村舍带来温暖和光明时，一阵浓浓的幸福感在我体内扩散。今天充满了寒冷和辛劳，能放松下来温暖身体感觉美妙极了。诺森伯兰的沼地既阴冷又令人精神一振，就像冰冷的淋浴。在城市的压抑之后，开发空间的感觉很好。这个地方感觉十分狂野，尽管它离英国最大的城市之一只有几小时轻松的骑行。

没有什么能比在一个温暖干燥的村舍里度过寒冷潮湿的夜晚更好的了。我睡得很好。到了早上，我走了一两英里路穿过田野拿回自己的自行车，继续向西骑行。

我拼命骑以便让四肢温暖起来，快骑很有趣，而且我肚子也饿了。我没带任何煮食用具。所以现在我就是寻找猎物的现代猎人了：我要猎到一杯茶和一个培根三明治。

我在一间没有客人的咖啡厅猎到自己的早餐。这里每张桌子上有带波点的碟子和杯垫，还有蕾丝窗帘和昨天的《每日邮报》。我是唯一的客人。我偷偷地脱掉湿透的鞋袜，把它们堆到暖气片上。我吃早餐时它们冒出袅袅的蒸气。我刻意避开侍者的目光，免遭面斥。

可惜我不能久留，因为需要多骑几英里路去赶火车。这就是在正常生活中塞进微冒险的诅咒。事实上，我发现自己手忙脚乱没时间骑到海边！这是个糟糕的从海岸到海岸骑行的范例，放在讲海岸间骑行的章节里就更是不堪！我道歉。我怕是得接受一个到河口的旅程作为替代了。

但对我来说这够好了，因为冒险不总是要攀登K2峰。只要来到户外，做点什么就足够好了。事实上，你不应该把你的旅程和攀登K2峰进行比较。你应该和大部分生活忙碌日程紧张的人进行比较，他们可完全没在冒险啊。

所以当另一个选项是什么都不做，能用

"阳光在闪耀。一个金色的圆盘和银色的阳光在粼粼水波上起舞，就像硬币被慷慨地洒向世界。"

仅有的一点时间马马虎虎地完成从海岸到海岸旅行也让我觉得挺高兴的。能站在哈德良城墙边上、睡在一个村舍里和骑得像风一样快来赶火车，我已经满足了。

我在一个旧马槽边最后装了一次水。那里有根水管不断滴出干净冰凉的水。在高高的秃树上，秃鼻乌鸦吵闹聒噪着。这是我冬季最喜欢的声音之一。我飞快地沿着一条狭窄的小径骑行，避开水洼，骑过最后一座拱桥，到达河口。阳光在闪耀。一个金色的圆盘和银色的阳光在粼粼水波上起舞，就像硬币被慷慨地洒向世界。

一个老人在准备他的小渔船。他爬上甲板，用力扯着引擎的点火绳，然后用一支厚厚的旧桨把船推离海岸。小小的发动机咳嗽一般发动起来，慢慢推着老人和船往下游的海里驶去——我没能真正到达的海。我就差几里路了。因为我有火车要赶，要回到我的办公桌和电脑前。但没关系，目前来说这样就足够好了。

其他可以一试的主意

- 有很多团体和组织能帮你拓展自己的微冒险想法。可持续出行的全国自行车网络（Sustrans' National Cycle Network）是一系列安全、没有机动车车流的自行车道和安静的路边自行车径。它们连接着每一个大城市，并经过英国55%的居民区。现在它们的总里程已达14000英里，布满了整个不列颠岛。
- 国家自行车慈善组织（CTC）是英国的自行车慈善组织，也能为骑行、线路计划和骑行保险的很多方面提供有用的资源。如果你想挑战兰兹角至约翰奥格罗茨挑战赛（Land's End to John O'Groats challenge），他们会有非常有用的信息。（顺便说一下，这个挑战我建议你一生至少尝试一次，哪怕你并不喜欢骑行。我觉得纵向跨越自己的国家是一个非常强而有力的体验，也能更好地体会国土的大小，体会它的美以及它的风光和人民的多样性。）
- 如果你希望在完全没车流的地方骑行，可以上网搜索英国的4500英里改建成人行道和自行车道的废弃铁路。你也能在马道上骑车（全国地形测绘详图上标记为绿色虚线的路线）。
- 山区村舍协会（Mountain Bothies Association）

是一个慈善机构，维护着约100座位于英国偏远地区的村舍。如果你喜欢村舍，请考虑分出一些时间做志愿者协助他们的翻修工作或者捐一点钱。大部分村舍都位于苏格兰[这些可爱的村舍包括米纳赫（Meanach）、谢那韦尔（Shenavall）、哈奇小屋（The Hutchy' hut）、苏里格（Suileag）、库尔拉（Culra）、胡尼什角（Rubha Hanish）、基尔瓦格（Kearvaig）和毛武伊德（Maol Bhuidhe）]，但还有一些好村舍位于其他地方，包括威尔士的格鲁温福尔（Grwyne Fawr）和库姆杜林（Cwm Dulyn）以及我在诺森伯兰郡时所寄宿的霍顿格林村舍。确保你离开时村舍比你找到它们时干净。只要有可能都自己带点柴火，补充木块的库存。记得要在村舍的笔记本上写下你的故事。

- 你可以自己设计一个在苏格兰村舍之间的海岸到海岸路线。山区村舍协会的网站有一份很适宜策划路线的地图（www. mountainbothies. org.uk）。
- 《世界遗产名录》将英国的28个遗址纳入其中。世界遗产委员会认为，这些遗址构成的文化和自然遗产具有杰出的普世价值。如果你能骑行经过所有这些遗址，这会是一次遥远而美妙的旅行。

英国的自行车长途挑战赛

英国有很多长途挑战赛。尽管我觉得最好的冒险是你为自己创造的那些，但这些步道和著名的路线能帮助你设计自己的个人挑战。网上搜索国家自行车游径（National Trails）或者苏格兰的杰出自行车游径（Scotland's Great

Trails）。

- 克利夫兰路
- 科茨沃尔德路
- 格林多路
- 哈德良长墙径
- 北部丘陵路
- 奥法大堤径
- 佩达斯路和诺福克海岸径
- 彭布罗克郡海岸径
- 奔宁山马道/奔宁路
- 山脊路
- 南部丘陵路
- 西南海岸径
- 泰晤士径
- 约克郡沃兹径

长途行者协会（The Long Distance Walker's Association）是一个很好的资源。尽管可以用Runner来替换Walker进行搜索。

其他著名的挑战赛包括弗雷德·惠顿挑战赛（The Fred Whitton Challenge）和拉姆塞环绕赛（The Ramsay's Round）、约克郡三峰赛（The Yorkshire Three Peaks）、达特穆尔十岩赛（The Dartmoor Ten Tors）、威尔士3000（The Welsh 3,000s）和南部丘陵山地自行车赛（The South Downs by Mountain Bike）。（如果太简单就做个来回赛程。甚至有人试过到终点再回头到起点然后再次骑到终点。）

对很多人来说一个多年目标是逐步拿下282个门罗级山峰，或者221个矮一点的考白特级山峰。一旦你做到了，就可以尝试带上露营袋睡遍每一个峰顶。你可以继续尝试挑战2000个玛丽莲级山峰，即英国境内所有高于150米的山。换句话说，挑战赛和想法多得你没法想象。

14 跨越英伦——狂野之旅

所需时间：	6天
地　　点：	苏格兰北部
困难程度：	难
额外装备：	充气橡皮筏
更多信息：	请扫码看视频

兰诺赫高地看起来比往常有一种不祥的预感。今年地面积起了厚厚的雪。天空灰蒙蒙的，低沉而凶险。小溪和河流都被冰封起来。它们纹丝不动地环绕在冰雪斑驳的黑山脚下。唯一的生命迹象是一群从山脊下来觅食的健美的牡鹿。它们在苦寒的午后空气中喷着响鼻，呵出阵阵白雾。

透过列车车窗能看到如此的野外景观让我们的兴致也高昂起来。但会不会那条河——“我们的河”——也被冰封了呢？安迪和我考虑着各种可能性，一边惊叹于如此风光离我们昏昏欲睡地乘车离开的城市也不过是数小时车程。但我们也发生了转变。伦敦上车时捧着脱脂卡布奇诺（安迪的，不是我的）和《卫报》（我的，不是安迪的）的我们进入一个新的思维，开始仔细研究地图等高线并试图估量天气会让事情变得有多艰难。

我们殷切地把沉重的包裹扛在肩上下了火车，站台空无一人。我们开始向东走去。计划很简单：穿越苏格兰。我们会从西海岸出发徒步前往斯佩河。然后我们会给扛着的橡皮筏充气（这是一个大人版本的橡皮艇），乘筏顺流而下直到入海。

我们在活泼的小溪中装满了水瓶（更温暖潮湿的西海岸还没有冰封），在一个长满节瘤、覆盖着地衣的树林里支起帐篷。巨大的阵风摇撼着帐篷，雨整晚都倾泻在我们头上。在这样偏北的地方，1月份下午4点就会天黑，不到第二天早上8点天都不会亮，所以至少我们还有足够的时间睡觉。

最初的几天我们会在野外行走，靠鹿走出的兽道指引方向，穿越陡峭而长满石楠的荒野。我们爬上山坡又爬下来，穿过灌木丛，跨过奔流的小溪。我们的进展缓慢，身上的负重更是拖慢了前进的步伐。在我们攀过一个有积雪悬崖的峡谷时，一只美丽的牡鹿就在20米开外跟随着我们。四周一片寂静。整整两天我们没看到一个人、一辆车甚至是一盏灯。就在英国，我们找到有挑战性的冒险和真正的独处，这感觉让人迷醉。我觉得振奋而平静，感受到我在“真实”世界极少感受到的鼓舞。我没有在为工作，为银行账户余额或将来的野心苦恼。在野外，我可以活在当下，尽情享受。

我们在两个峡谷交会处的湖旁边支起帐篷。在我们上方，山峰昂然耸立，仿佛在我们四周形成了庞大的剧院，我们的帐篷在其中，看起来分外细小。黎明时分我们从帐篷里出来，进入洒满群星的黑暗。高山的剪影倒映在平静的湖水里。

更多的越野旅程带着我们翻越一个山脊，再下行到一条潺潺流淌的幽深溪流。一只鸢在头顶盘旋。我们沿着溪流的源头跋涉，从这片湿软的沼泽开始，这段水流很快会变成岸边长满西洋菜的小河。不久它就会变成3英尺宽，4英尺，5英尺，6英尺……我开始心痒痒想划船了。蛛网般的支流汇入小河，让水变得更深一点，流量也在增长。我交叉手指暗暗祈祷能很快开始水上的旅程。

最后，水终于够深了。给橡皮筏充气时我就像在过圣诞节的小孩。我们把背包绑在筏的前部，然后出发。水抓住我们，愉快地带着我们向下游流去。哈哈！耶！ 可以自由移动啦！我们划过蜿蜒的水道，穿过幽深的水草丛，越过金色砾石的浅滩，经过乱石堆，我们安静地在野鹿身边漂过，看着小小的河乌轻快地飞向上游。安迪和我彼此微笑，我们都认为漂流胜过背着地狱般沉重的背包步行。

“我们殷切地把沉重的包裹扛在肩上下了火车，站台空无一人。我们开始向东走去。计划很简单：穿越苏格兰。”

在我们前面不远就是第一处激流。我们停在岸边讨论该怎么办。

“我们要不去侦察一下？”我提议道。

“侦察是胆小鬼才干的！”安迪大声说，然后向着白水冲过去。这段路程很短但令人兴奋。在激流底下再次露出水面时，我们都大声笑着欢呼。

河流的流向与路线分道扬镳，我们又一次要步行。我和安迪都觉得伤心。

遗憾的是安迪伤了膝盖，我们不得不搭便车前往斯佩河。在真正的远征冒险里这是会被看不起的。然而，微冒险就要接受任何妥协，以把尽可能多的冒险放进特定环境里的活动。别人怎么想无所谓。

当我们再一次在斯佩河的岸边给橡皮筏充气时，黎明将凯恩戈姆斯山脉白色山峰后的天空染成粉色。小小的冰山在我们身边漂过。之前我还从未在英国的河流上见过冰山！我为能够泛舟而兴奋，也为在这么冷的天气走水路感到紧张。

水流较慢的部分都被冰封了，更添一层恐怖。我想象自己有多不喜欢被困于冰下。我非常清楚接下来的日程会有多危险，同时也会多有趣和富于挑战性。

我的手几分钟内就冻得生疼。很明显我们俩都没有穿足够的衣服，一整天处于得重感冒的边缘。巨大的冰块——台球桌一样大，10英寸（1英寸=2.54厘米）厚——在沿岸挨挨挤挤地堆在一起。有些冰块是灰色的，中间冻着树枝和鹅卵石，其他的则透明而闪亮。垂下的树枝上还挂着碎屑，悬在水流上方一米高的地方，提醒着我们刚过去的风暴。低垂的云在天上飘过，暗淡的白日只给出一点温暖的错觉。

在A9公路横跨斯佩河的桥下，整条河都被冰封了，塞满了积压的浮冰。我们得沿河行走，后面拖着我们的船。接下来的旅程我们还有机会划船吗？几对鸭子在头顶飞过，匆匆赶往它们的目的地。成列的大雁飞过冬日的高空。因什湖在我们面前展开，但它也被冰封了。我们走完了整个因什湖，害怕我们的旅程就这样要终结了。但，谢天谢地，湖的出口振奋了我们的精神：在因什湖冰封的表面下还有一股水流稳定地流出。我们可以重新上路了！

但天气还是冷得凄苦，于是我给已经戴着手套的双手套上塑料袋，帮助减轻火辣辣的寒冷。我的双腿和屁股因为一动不动地坐在湿冷的船底而变得又痛又麻。每个夜晚我们都对睡袋的温暖和野营炉欢快的轰鸣声心存感激。

河流之旅最精彩的部分是一个通过激流的清晨。水流带来龙康德（Knockando）威士忌酿酒厂特有的芬芳。这家酒厂出产的干草色的麦芽酒在我打下这些文字时正放在我的手边。

河流随着它们的旅程改变着情绪。河水的流动渐渐变慢，变得美丽而庄严，富人家的房子和越发醒目的钓鱼小屋排列在河岸两旁。

在这里，斯佩河热切地奔向它的终点。

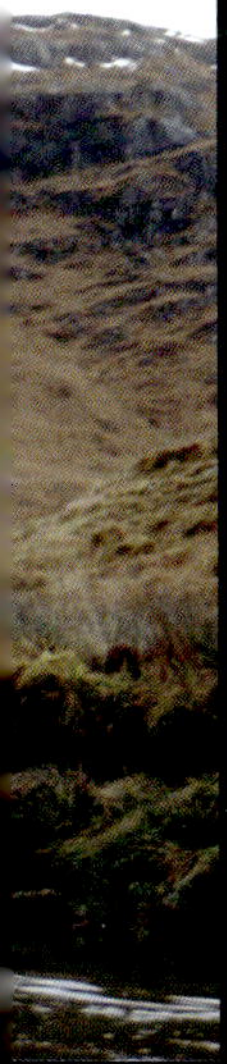

我们快速划向河口，看着河岸上的一棵树随着滑坡的土石，在轰鸣声中落入河中。

一只河狸挣扎着把一条跳动的鲑鱼拖到岸上。俯冲的鸬鹚和盘旋的海鸥预示着河流将近终点。我们从海豹身边划过。它们在等待鲑鱼随潮水到来，一边从岸上笨拙地扑通一声跳进它们的水塘里，一边好奇地抬头打量着我们奇怪的船。污浊的棕色水浪在我们前方碰撞——我们到达北海了。最后一次，我们把船拖到岸上，登上一片喧闹的卵石滩。我们横越了苏格兰。

我把玩着一块浑圆光滑的鹅卵石，把它装进我的口袋里，作为这次冒险壮举的纪念品。然后我们把船打包好，背上背包，赶去坐大巴回家。

*有理性、有常识的你应该先做好侦察。请别在进行你的河流旅行时学我们俩！

其他类型的跨越英伦之旅

从一个海岸旅行到另一个海岸总会令人满足。它是种界线分明的旅行，有意义重大的起点和清晰实在的结尾。不管你是踩着滑板横越澳大利亚、骑车参加美洲穿越赛，或者仅仅是慢悠悠地用一个周末穿过我们的权杖之岛（虽然很小），第一次看见海的满足感都会长留你心中。以下是几种不同的从海岸到海岸跨越英伦之旅：

- 骑山地自行车从怀特黑文向森德兰进发，横穿英格兰。国家自行车慈善组织有这趟旅程的地图和资源。
- 西南半岛之旅。从德文或康沃尔的北岸出发向南。沿着达特河或泰马河走会是令人愉快的路线。
- 参加传奇的龙脊挑战赛（Dragon's Back Race），沿着威尔士的山地脊梁纵向穿越这个国家。
- 参加TGO户外大挑战（The Great Outdoors Challenge）。在苏格兰全境徒步和野外露营绝对值得一试，为了美丽风光，为了计划的乐趣，也为了同行者之间的情谊。
- 从英格兰的西岸布里斯托尔湾附近出发，你可以顺着运河和河流一直划船到泰晤士河、伦敦然后入海。[见115~117页对迪韦齐斯到威斯敏斯特皮划艇马拉松（Devizes to Westminster canoe marathon）的介绍。]

15 信用卡冒险

我爱环法自行车赛，我也爱约克郡。但我从未想过有一天会从约克郡开启一趟环法自行车之旅。

所需时间：	一个周末
困难程度：	中等
地　　点：	约克郡
交通工具：	自行车
额外装备：	信用卡、黄色领骑衫

感觉上这是个不太可能的组合，但它听起来也是个出门骑行的好理由。

自行车运动在近年大为流行，现在很多人会在周六早晨享受一次长途骑行，如果天气好的话，还会在周日再来一趟。全国各地的乡间车道上挤满了名为“穿莱卡的中年男人”的生物。他们通常是些体形过胖的野兽，穿着过于随便，并骑着昂贵过头的自行车。

同样流行多年的还有信用卡骑行之旅的理念。对于很多喜爱骑行，但比起装着帐篷的自行车更喜欢睡在酒店的人来说，这是个很不错的旅行方式。毕竟，竞赛自行车加牙刷加信用卡再加酒店听起来就合理得多呀！

在这个微冒险里，我致力把不同的事物结合到一起。我想连续骑行两天，在一辆没有负重的自行车上享受快骑的乐趣；但我不希望被限制在一天能完成的路程里，也不愿意只在熟悉的地方绕圈。另外，我也想享受信用卡旅行者喜爱的轻松整洁的旅程。我一只手臂扭伤了（只为了写这本书，你懂的），愿意容忍从餐馆吃到酒馆的颓废享受。但我也想坚持真正的骑行之旅那美妙的自由，所以会带上一个露营袋，以便在入夜时能就地露宿。

我决定在环法之旅的第一段把所有这些骑行的好处都结合起来，绕着约克郡溪谷骑行120英里，从利兹骑到哈罗盖特。我在利兹市中心的一家Greggs烘焙坊骑上自行车。空气里弥漫着牛排馅饼的香味。很难想象世界上最伟大的年度体育赛事从这里开始。路的另一头是维多利亚时代的市政府。我等着一个年轻的胖女子推着婴儿车拿着奶油面包从我面前通过，然后踩下踏板：这样的时刻总

能触动每一个骑行者。

不久我就把利兹抛在身后，进入了更具田园风光的黑尔伍德和沃夫河谷。这只是在自行车上度过的普通的一天，但因为我按着环法式的路线走，所有事物在我眼里都变得不一样了。当我俯身在下坡时加速，我发现自己像个孩子一样做着白日梦：我觉得自己在以竞赛的速度疾驰，冲在壮观的起跑车群最前面。人群在欢呼！那些颁奖台上拿着毛绒狮子的漂亮女孩将会给我黄色领骑衫和一个亲吻，评论员会震惊于我轻松获胜的天赋。我注意到一只猛禽正以超过每小时25英里的速度与我平行地滑翔。我英雄般告别布拉德利·威金斯和克里斯·弗鲁姆还有阿姆斯特朗和米盖尔·安杜兰的联合进攻。荣耀皆属于我！但这是什么？灾难降临！一个红灯和一个表情严肃地吃着棒棒糖的女士结束了我向着荣誉的冲刺。我捏紧车闸停下来。

在我骑过平静的乡村或者停下等奶牛过马路的时候，我喜欢在想象中把这乡村景色与环法自行车赛的各种令人眼花缭乱的活动结合在一起。路边的粉色千屈菜还有割下的干草散发出夏日的气息，我享受地深吸一口气。

在斯基普顿，路线往北进入美丽的约克郡溪谷国家公园，路面开始变窄，两边被干石墙包围。风暴云在我头顶酝酿，但傍晚的阳光暖洋洋的。我交叉手指祈祷雨先别下。

我肚子饿了。但我也热切期盼先拿下前头这120英里行程。每个村庄都比前一个更风景如画，更引人入胜。每一个都有个小酒馆，诱惑着我停下来结束一天的行程。我继续向前直到凯特韦尔，然后终于屈服了，准备拥抱信用卡骑行之旅的世界。阳光中的啤酒、炸鱼薯条，再来一杯啤酒。阳光照在我脸上。再来一杯啤酒？既然你坚持……这就是环法之旅该有的样子啊！

我从村庄往外骑了一段距离去找睡觉的地方。我把自行车藏在一堵墙后，爬上路边陡峭的山坡。

骑行鞋可不适合走这种路。

但即使是这样，咕咕哝哝的15分钟之内，我就高高地俯瞰着道路，准备好独自过夜。花点时间专门找睡觉的地方是值得的，因为记忆和扬扬得意的 Instagram更新持续的时间比你缓过气用的时间长。在郊区露宿甚至比找一家民宿过夜更容易——这是最简单也是最放松的住所。景色和气氛完胜任何五星级酒店，虽然我承认床铺不够舒适，小酒吧也得自备酒水。

山下的村庄装点着棋盘格一样的浅绿色田野、干石墙和石砌谷仓。沃夫河倒映着日落时天空的蓝色和金色。山谷里传来羊群相互的呼唤声，以及一只绿啄木鸟在我头顶树上的鸣叫声。夜晚如此平静，当啄木鸟在空中飞翔时，我能听到它振翅的声音。

“在我骑过平静的乡村或者停下等奶牛过马路的时候，我喜欢在想象中把这乡村景色与环法自行车赛的各种令人眼花缭乱的活动结合在一起。”

我在这趟旅程中尽可能轻装。这表明我完全没有多余的衣服，也没带雨衣。轻装出行还有一个缺点就是没有东西可以当枕头。所以我脱个精光（独自在山顶的另一个好处），把衣服团起来当枕头，然后爬进睡袋。

一只猛禽（惭愧的是我不知道它的名字）呼唤着它巢里的幼雏，飞落下来喂它们。同一只鸟在晚上吵醒了我，不断在我头上几英尺高的树枝上反复大声地叫唤。我躺着一动不动，犹如着魔一般。它那么近，它知不知道我就在这里？它会俯冲下来啄我的眼睛吗？当然不太可能，当我写下这些文字后更加觉得这个想法有多愚蠢。但在黑暗中，我觉得是我闯入了它的领域。夜晚感觉分外狂野，特别是在你缩进睡袋里躺在山顶上的时候。

一年一度的英仙座流星雨在那晚降临，我期待在溪谷的黑暗天空下欣赏壮丽的流星

雨。我仰望天空等待美景出现。但当我再次醒过来时，已经是破晓时分了：骑50英里路然后在小酒馆吃饭意味着我不会睡不着。我在细雨和灰云下的潮湿世界中醒来。这不是我昨天留在身后的美丽的翠绿世界。细雨令人烦躁，而且一副要越下越大把我浇个清醒的恼人样子，所以我往睡袋里缩得更深，继续睡去。

当我再次醒来，太阳已经升至荒野之上，云已散去，只留下跨越山谷的彩虹和草叶上宝石般闪闪发光的水珠。这将是美好的一天。

“当我再次醒来，太阳已经升至荒野之上，云已散去，只留下跨越山谷的彩虹和草叶上宝石般闪闪发光的水珠。这将是美好的一天。”

我躺着吃了根香蕉，伴着这简陋的早餐观赏美景，再出发去寻找更切合我信用卡游客身份的早餐。我搜寻着咖啡、培根，或许再加一杯咖啡。

早晨先从离开巴克登的上坡路开始，这段路让我活动活动四肢，驱走我的睡意，让我屁股离开车座努力蹬踏。我喜欢想象职业选手在这种路线上能骑出的速度。我想我这个速度可能根本无法让他们感到疲劳。这当然让我伤心，但它同时也让我清醒，准备着在另一边的下坡路向下疾驰。我弓起身，拼命加速，然后终于因为害怕而放弃，放松身体坐直，享受着车一路溜向早餐的旅程。

在霍斯外围，一个平缓的河流拐弯处有一名士兵的纪念花圈。这一日最艰难的路程即将来临。我最爱的四行诗激励着我骑上白脱奶油路。这首诗就写在纪念花圈上：

我主，我们乃朝圣者；
我们总应多前进一点；
它也许就在最后一座白雪皑皑的蓝山之后，
越过那愤怒或波光粼粼的海洋。

[摘自詹姆斯·埃尔罗伊·弗莱克的《撒马尔罕的金色之旅》（*The Golden Journey to Samarkand*）中朝圣者的段落]

我对那名士兵一无所知——花圈上既没有名字，也没有年月日或者“来自……的爱”之类的线索。但我对他的敬意，对他所在兵团的敬意，对诗歌背后感情的敬意，以及这场景带来的不安的平静，让我在漫长的路径上苦苦蹬踏时仍在脑海里翻滚。

我在另一边的下坡路向下疾驰，经过长长的斯韦尔河谷，奔向莱伯恩。我只在斯韦尔的一个清凉的泥炭池塘爽快地游了个泳，然后唤起自己体内最后一点能量去骑车攀登陡峭的松鸡荒原。高地开满了粉红色的夏季石楠。我的双腿已经累了，但在莱伯恩喝的一杯茶和在马萨姆酿酒厂的停留在我困乏时鼓舞了士气。

现在挡在我和黄色领骑衫之间的，就只有到哈罗盖特的一段疯狂冲刺了。我骑过想象中欢呼喝彩的人群，向着微冒险的美妙终点奔去。我一点都不在乎自己最后的成绩有多寒碜，或者我冲过终点时那里的人实际上有多么少：一点儿也不。

如何进行环约克郡自行车挑战

你可以像职业运动员那样，在漫长的一天里骑完120英里全程。那会是个不错的挑战。或者你也可以像我这样把赛程更悠闲地分摊到两天完成。

路线从利兹延伸到哈罗盖特——要绕远路（利兹—黑尔伍德—奥特利—伊克雷—斯基普顿—凯特韦尔—艾斯加斯—霍斯—里思—莱伯恩—里彭—哈罗盖特）。你会骑行经过美丽的风景和很多酒馆跟茶室……

不管住在英国哪个地方，你都能轻松地在一个周末完成这段骑行旅程。如果你在星期六早上坐早班列车到利兹，你会赶上在那里吃午饭。确保提前确认你需不需要在火车上为你的自行车预订一个位置。从利兹匀速骑40~50英里你就会到达斯基普顿和巴克登之间的宁静山谷。沿途的每个村庄都有一两个小酒馆，所以不管什么时候肚子饿了，你都能找到吃晚饭的地方。你也能毫不费力地找到一个风景优美的地点睡觉。

到第二天早上，离开巴克登的上坡路会让你有一个好胃口。然后到艾斯加斯或者班布里奇的小餐馆吃早餐。早餐要保证吃好，因为你要从霍斯骑行通过，这里是旅程中最长的上坡路。缪克谷有一段会让你捏紧车闸捏到关节发白的下坡路。除了到莱伯恩的那段大上坡外，你现在已经完成了骑行之旅最困难的部分。

去其中一家马萨姆酿酒厂为振作士气而小酌一杯，之后到哈罗盖特和终点的路就很简单了。及时从哈罗盖特坐火车回到利兹，再赶上从利兹到你家的回程火车。

我骑行中使用的装备

- 公路自行车。
- 头盔。
- 我用座位支架来放装备。你可以用驮篮、鞍囊或者一个小背包。（更多关于自行车的建议请见220页。）
- 我把装备放在一个10升防水包里。几个垃圾袋也适用。（看216~217页了解更多保持装备干燥的建议。）
- 多用途刀具、气泵、备胎还有修补工具。如果你不带这些工具赌自己不会有事，一旦发生什么事你懂的……
- 衣服。带够衣服。这样的话要是你浑身湿透又要穿着所有衣服来骑车，你会足够暖和。如果天气变冷，你总可以找个小餐馆甚至是火车站！对我来说，8月意味着我身上只穿骑行运动服。我不带备用衣物。我想穿着一身莱卡运动服的自己坐在回伦敦的火车上，看起来肯定有点像个怪胎。晚上我用所有的衣服当枕头。
- 骑行围脖。这是个奢侈的让步——它可以当作绒线帽子、一条止汗带或者一个眼罩。
- 小号自行车雨衣，打包好后体积比网球还小。
- 垃圾袋。就性价比来说是最有效、廉价，防水性也最好的“背心”，同时也是小自行车雨衣的良好补充。夜晚下雨时也可以兼作临时的防水顶棚“巴沙”。（更多建造“巴沙”的建议请见217页。）
- 手机。用于摄影和导航。我把手机设置成飞行模式来省电。智能手机上的路线图App在你没有手机信号时也能使用。（关于科技产品的建议见236页。）
- 手机充电器。它是个可以让你在小餐厅逗留1小时来给手机充电的好借口。
- 睡袋。用手上最小的那一个，能让你多多少少保持温暖就行。（更多建议见213页。）

- 露营袋。（更多关于露营袋的建议见210~212页。）
- 睡垫。很多次懒得带睡垫的尝试都让我后悔没带上它。我用的是Therm-a-Rest NeoAir 3/4长的。（更多关于睡垫的建议见214页。）
- 信用卡。
- 牙刷。带个儿童型号的。要么就恶心点，像我那样，带口香糖。

其他不错的比赛路线

我很幸运，学生时代我可以在牛津大学的艾弗利路跑道上跑1英里。在同一条路上，罗杰·班尼斯特爵士打破了4分钟跑完1英里的纪录。我在很多不同跑道上跑过很多英里，但与伟大运动员成就的联系让它比平常更为有趣。（顺便说一下，罗杰爵士无须担心我挑战他的纪录。）同样地，以下有一些不错的比赛路线，用那种更谦逊的步调来完成它们会十分有趣。

- 当地的马拉松赛事路线。即使你不是跑者，你也可以用一天徒步，或者用几小时骑行完成它。
- 尝试一些18世纪、19世纪的挑战赛，比如“竞步打赌”或徒步主义（Walking wagers’ or pedestrianism）。试试用24小时走完100英里，成为一个“百夫长”（Centurion），或者和巴克利上尉较量。他于1889年在纽马克特用 1000小时走完了1000英里。
- 伦敦2012年奥运会的自行车赛路线。亚历山大·维诺库罗夫用5小时45分完成了155英里的赛程，包括绕博斯希尔9圈。
- 鲍勃·格拉汉姆环绕赛（Bob Graham Round）则是个另类经典，用24小时走过42个湖区丘陵地带的挑战赛。我等凡人会用美妙的两天来进行这个徒步旅行。

16

树林森林

即使小片树林和森林也会让人觉得与世隔绝。它们几乎就是一个独立的平行世界，就像进入纳尼亚王国或者仙境。

所需时间：	一夜
困难程度：	低
麻烦程度：	低
额外装备：	越少越好

进入一片森林时，你毫无察觉地跨过一条界线，进入了一个全新的世界。在这个世界里，平常的声音、光、天气和时间的正常规则都不适用。森林里没有地平线。树林里没有真正的风景。这种感觉更像是身处水下，沉浸在清澈的绿色世界中。这里的空气更为安静、晦暗和清凉。在树林里，雨用更长的时间才能穿透树冠，到达地面。所以你可以保持干爽，而树林外的人要匆忙避雨。但森林里的雨会一直滴滴答答很久，哪怕太阳已经再次露面。林中可能比“外面”少一点光，也没那么暖，但在树林里可能没那么冷也没那么大风。树林里的世界更为恒定。但如果观察一片树林一整年——例如每天跑步穿过它——你会留意到它令人惊异的变化，从冬天阴暗、潮湿，由垂直条纹组成的黑白冬日世界，到夏日林地犹如棉花糖般模糊的柔软和圆润，到塞满了色调各异的黄褐色叶子的瑟瑟深秋。

我和朋友们没多做计划，也没有多少东西可以报告。我们只是在一个超市停下来，装一篮子食物和一两瓶便宜红酒，然后就离开了市镇。天下着雨，数百万个雨滴如小锤子般落下，将河面敲平。我们每人带着一个小背包，里面装着过夜需要的几件东西。

走了约莫20分钟，四周便都是一人高的芦苇，连一座建筑物都看不到。逃离（一个城镇、一台电脑、一点常规）很简单，只需你迈出实现它的艰难一步。我们甚至不介意下雨：只要有正确的装备，雨不会多扫你的兴。再说，就像军队里的红脸小个子男人爱朝你喊的话："不淋雨就不算训练！"

雨落在风铃草、粉色狗牙堇和野老鹳草上，我们进入的树林湿漉漉的，到处闪烁着水光。温暖潮湿的晚间空气带出了路边千屈菜强烈的气味。可以听到鸟鸣和雨的声音。

"从一个观景点我们还能看到后头几英里外的市镇，但我们现在已身处幽暗的绿林中。树木被5月的雨淋湿，在黄昏的光里闪烁。"

我们并不是要去什么特别漂亮的地方或做什么令人兴奋的事情，我们只是想离开一夜（或者说给自己一个离开的错觉）。睡在树林里是一个完美的主意。杰西告诉我，她一辈子都住在这个镇上，这里就是她的"家"，然而她却从没做过今天这样的事情。她看起来又惊又喜。

英国是欧洲森林覆盖率最低的国家之一。你在住处周围通常只能找到小片树林，但树林沉浸式的特质意味着你并不需要多大片的林地。我们来到了树林的最高处。从一个观景点我们还能看到后头几英里外的市镇，但我们现在已身处幽暗的绿林中。树木被5月的雨淋湿，在黄昏的光里闪烁。我喜欢这样的地方。它们昭示着野外世界的接近，哪怕只是野外世界的幻影。虽然我们中大部分人住在经过净化和郊区化、被地铁所连接的世界，但需要感受细雨拂面，想要对月咆哮时，我们仍能轻松逃离。

饥饿在驱使着杰西和汉娜，她们着手生起一个小火堆。菲尔和我收集柴火，一边咕哝着一边用力拖来一根长长的大木头。那木头比我们想烧的柴火还要大得多。男人似乎总是喜欢干这样的事。

我们煮了一顿简单而味美的晚餐，站在火堆旁聊天欢笑。才到晚上9点，感觉上却已经很晚了。我们烤着棉花糖（顺便说一句，如果它们不是叫“鲸鱼的乳头”的话尝起来会更味美），用最后一点红酒为今夜干杯，然后就去睡觉了。

雨在早上停了，树林闪着微光，乌鸫和知更鸟放声齐唱晨曲。我们很庆幸自己有这样的机会（或者应该说，自己创造了这个机会）和朋友们一起，在林地和鸟儿的鸣唱中醒来。

“睡在野外有种特别的感觉。”汉娜在我们喝着咖啡的时候说，“感觉真的很特别。是种会常在心中的感觉。人们也许会觉得我们是疯子，但有时你就是得做这些事。”

探索英国的奇妙森林

- 格伦科的森林。
- 迪恩森林。
- 新森林。
- 舍伍德森林。
- 智者树林。

探索其他环境

- 河流。
- 山地。
- 海洋。
- 湖泊。
- 沙漠：邓杰内斯是英国唯一的沙漠。
- 地下：大道克洞（Great Douk Cave）到中沃什福德（Middle Washfold）是一段极好的地下冒险之旅。网上搜索相关建议。
- 岛屿。
- 城市地区。

17 河中畅泳

我坦白，我是个河流控。我爱河流。看着地图上的河我就会琢磨它们的航程有多久。

所需时间：	一天以上
困难程度：	中等
地　　点：	一条河
交通方式：	游泳
额外装备：	防水袋、潜水服、毛巾
更多信息：	请扫码看视频

我用手指沿着纤细的蓝线跟踪它们的路径，一直到源头，到遥远的高地上，然后又一次顺流而下一直到大海。当我开车或乘火车跨越一条河，我都会探出头飞快地往下看一眼：我能在下面划船或游泳吗？这里是个野外露营的好地点吗？河流是策划微冒险的好开端。

我进行过很多不同的旅程，但我从未试过游泳旅行。我不是个好泳手，所以这决不会是一次长途探险。我从未用如此缓慢的速度行进，用这么低的视角看世界，但我很好奇地想要知道从A点游到B点而不是在泳池里来回游会有什么感受。

我借了一套潜水服，跳进河里。那套潜水服已经有20年的历史了，看起来傻乎乎的，对长期游泳来说太厚、太先进。但微冒险的其中一个要点就是将就用你手上有的，而不是放任昂贵的装备变成你的障碍。事实上，因为我不是一个好泳手，厚重的潜水服没有真正限制我的前进。我的露营装备装在一个防水袋里，连着一根短绳漂浮在身后。

我选择去游泰晤士河。这不是一条能与荒野和冒险联系在一起的河流。这恰恰就是我选择它的原因：无论你身处何地，当你用青蛙的视角看世界，世界也会忽然变得狂野。你观察世界的视角决定着它以何种姿态映照在你眼里。

我感觉自己有可能在世界上的任何一条河流中。它感觉如此的空旷和偏远，水很暖和，天空是明亮的蓝色。有时我拍打着双脚仰泳，红色防水袋就在身边轻轻漂浮。我从中享受着无穷乐趣，无法相信自己从未做过游泳旅行，哪怕是这样一个小规模的。这是跟跑步或骑行甚至皮划艇都很不一样的体验。最平凡、最驯服的南英格兰忽然又变得狂野起来。

我从一个小镇的野餐草地起步，游过河边的酒吧，花园那里的人们露出惊讶的微笑，在太阳和酒精的作用下，他们的脸红彤彤的。我从一座桥下游过，游进了野外世界。没错，这里只是威尔特郡，但也绝对是野外世界。我的眼睛离水面不过一两英寸，河岸高耸在我的两边，所以在轻轻摇晃着我的水道里很难看见外面的事物。阳光来回扫过天空，告诉我河流蜿蜒曲折，时时改变着流向。这让人晕头转向，也让我很难估计自己前进的速度或者方向。但没关系。我是来这里探索河流的，所以它引领我去的方向就是正确的方向。

我游过一丛灯芯草，惊起一只红嘴巴的黑水鸡和一只小小的棕色苇莺。我想象着闪亮的梭子鱼安静地潜伏在幽暗的深处，等着来咬我的脚趾。我游得快了一点，游过睡莲叶子时用手轻轻地拨弄它们。我游蛙式，野外游泳的守护神罗杰·迪金形容这是“自然主义者的游法”。这是最适合享受所有美景和感觉的泳姿。再说，最近的大雨意味着温暖的水里充满了沉淀物，水下并没有什么可看的。这是件可惜的事，因为我很期待能探索水面下那个完全陌生的世界。（我原来想过全程浮潜希望在熟悉的地方获得更不寻常的的视角，但我找不到自己的浮潜面罩了。）

“我在河岸边的树林度过夜晚，既看不到光也听不到马路上的声音。相反，我看到了星辰透过枝叶的黑网，悄悄窥视着我。”

身处泰晤士河中，我没法看到住家或者陈旧的河边小径。相反，我只看到了鸟儿在它们的巢里，不声不响地藏在河岸边上。我安静地经过它们。也许我们交换了一下阴谋家般的一瞥，仿佛在互相暗示你不说我也不会说的。我看见鱼从河里跳出来。河边吃草的牛一看见我就惊恐笨拙地跑开了。它们不知道我是个什么东西。

“在野外水域，你与周围的动物世界和平相处，在任何一个层面，都是平等的。”罗杰·迪金如此写道。他的书《水中日志》（*Water log*）是任何野泳爱好者的必读书目。用几天时间在河流中顺流游泳是我尝试过的微冒险中惊奇的体验之一。

在经历漫长的一天游泳和反复爬上河岸给自己照相后（这在何时何地都是我最荒诞可笑的体验——给正在做事情的自己照相），到日落时我已经很累了。我爬到岸上一棵枯死的树旁，耳边只有枝叶间的鸟鸣和微风的声音。

我把湿淋淋的潜水服挂到一根树枝上，从背包里把干衣服拿出来，靠着树坐下休息了一阵。我的肌肉都在疼，我之前从未尝试过在一天里游那么远。我发现自己开始打瞌睡，于是强打精神在睡觉前煮了点吃的。

我在河岸边的树林里度过夜晚，既看不到光也听不到马路上的声音。相反，我看到了星辰透过枝叶的黑网，悄悄窥视着我。我聆听着秃鼻乌鸦的合唱。整晚，这片小树林里都生机勃勃——鹿、兔子、狐狸——还有肥胖的鱼偶尔跃出水面，再重重拍打在黑色的河流上。

“安静流过的河就像一面银镜。这是一块魔毯——一踏进去，我就会被带到新的地方，带进无法想象的冒险之中。”

我在黎明时分用树枝生了一个小火堆煮咖啡。安静流过的河就像一面银镜。这是一块魔毯——一踏进去，我就会被带到新的地方，带进无法想象的冒险之中。

但首先，这一天有两件最糟糕的事要做：

1.把自己塞进潮湿的潜水服里。

2.穿着紧绷绷的潜水服感受冰冷的河水碰到我裆部的一刻。理应有个词语专门描写这种感受，我打赌德语里会有一个。

我慢慢走进水里（一边大口吸气，一边小声地哼唧一下），开始又一天的游泳，希望自己能继续旅途直到抵达大海，为旅程画上一个圆满的句号。这趟旅程是一个启示：用新的眼光看待寻常生活，在平凡中寻找着非凡。从舒适而没有惊喜的河边野餐地走出来，然后滑进水里。去大吃一惊，去河中畅泳。

野泳建议

野泳很有趣，有益身心也充满冒险性。但要小心潮汐、急流、浮在水上的树枝、看不见的水下障碍物和寒冷。选择游泳的地点时要保守，特别是当你在晚上自己一个人游的时候（满月下游泳是件充满魔力的事）。然而，我定义的野泳不过是“水能没过全身”（是我和朋友在冬季的西伯利亚比“谁能游过最多的河”时定的规矩）。你不需要蛮干或者鲁莽，一英尺深一英尺宽的山地溪流也是晨泳的完美之选。

除了安全外，如果你对野外游泳感到焦虑，我能给你的最有用的建议和鼓励是以下这些：

你不会被鲸鱼吃掉。就算水很冷，你永远不会后悔一次凉爽的野泳，最多也就是事前有些担心罢了。从这点来说野泳是个俗气但正确的比喻，比喻你自己尝试在生活中做点困难的事：等待的时候感到气馁，开头很难对付，一旦开始就没有你预想的那么糟糕，到完成的时候你心情愉快、收获甚丰、精神大振。所以，谨慎地开始然后让自己惊讶一下吧，试着在你每一次的微冒险里都包括一次野泳。

有几本不错的书里面有很多关于野泳地点的建议，网上搜索“野泳”就能找到。另外英国室外游泳协会（Outdoor Swimming Society）的网站也很有用。

其他值得一试的河流

- 德文郡的达特河。新桥附近有很多水塘，你可以在里面浮潜、游泳或者玩轮胎漂流。
- 德文郡的厄姆河。
- 圭内斯郡的德威弗尔河。
- 苏格兰高地的埃蒂夫河。
- 约克郡格拉辛顿附近的沃夫河。
- 西蒙兹亚特岩石（Symonds Yat Rock）是一处平静而充满诗情画意的瞭望点，可以眺望威河、树林、田野还有英国最好的乡村风光。
- 苏格兰高地内维斯河的波尔杜夫瀑布（Polldubh Falls）。试试在这里浮潜吧。这里的水有8米深，水里到处是小鳟鱼，水里的泡沫会在阳光下闪闪发光。
- 斯凯岛的仙女池充满了魔力——冰冷的山区池塘里，水清得像游泳池一样。可以从岩石上跳进水里，下潜通过水下的拱洞游到下一个池塘。
- “游上斯诺登峰”会是个有趣的挑战。在你登山时到沿途找到的小湖里游个泳吧。如果你不想自己做计划，Gone Swimming（www.goneswimming.co.uk）可以帮你安排。
- 如果你身在剑桥或者伦敦，不妨参与The Swimmer（www. theswimmer.org）。他们致力把跑步穿过城市和在所有户外泳池及池塘里游泳结合到一起。

18 漫步古罗马

所需时间：	数日
困难程度：	中等
地　　点：	英格兰西南部的福斯路
额外装备：	带上一本讲古罗马人的书：它能让你的历史旅程变得更加生动

如果冒险的关键要素是去一处新地方，对这个地方心怀好奇，那即使是小小的古老英国也充满了微冒险的潜力。对于小小的古老英国，“古老”是非常重要的：在旅程中引入一些历史成分能让旅程的趣味更上一层楼。英国的历史非常悠久：奥克尼郡的霍沃尔小山（the Knap of Howar）是一座有5700年历史、至今仍保存得非常完好的农庄；而古罗马占领时代也因全国各地大量仍屹立不倒的建筑而被铭记。

古罗马人不喜欢我们高低起伏的道路，千年前他们穿过我们的土地时更喜欢以著名的直线方式行军。福斯路是他们最长的道路，全长200英里，从伊斯卡敦诺尼欧鲁姆（Isca Dumnoniorum）延伸到林敦科罗尼亚（Lindum Colonia），即现在的埃克塞特郡到林肯郡。我决定用步行的方式，以古罗马士兵的步速去探索福斯路的其中一些路段。我会从埃克塞特步行到泰晤士河的源头，带上装有平底锅、睡袋和一两张地图的背包。古罗马军团士兵会背着更重的行李，称为Sarcina，里面会装着他们所有的装备加上三天的口粮。

在福斯路被庞大的现代公路吞没或者干脆消失的位置，我会凭直觉越野，直到找到另一处安静的路段。不过，当你看着一张现代英国地图，发现还有这么多罗马帝国时代的古老路网被完整地保留下来，也是一件令人满足的事。

“这是一条凹陷小路，被数百万像我这样的人的脚步磨蚀而导致路面下沉。这是一个难忘的视觉提醒，提醒着我所追随的所有脚步，所有的故事和历史。”

我在埃克塞特大教堂外出发，这座教堂不过经历了1000年的岁月，还算是个新生儿。它阳光普照的草坪上散落着穿粉红色衣服的小女孩，牙掉光了的退休老人正享用着冰激凌，小男孩把足球踢来踢去，笨拙而徒劳地想要取悦女孩子们。不久，我就离开了城市，走上狭窄的小路。路窄得很，偶尔我

避让车辆时会被路边的荨麻刺到屁股。

现在我在真正地直线向前行进，显然已经踏上了古罗马道路。感受自己的生活慢下脚步是一种乐趣。

接下来几天我不会勉强自己走得太快。我在用从古至今大部分人在生活里体验过的步调前进，感受自己随着走过的每一英里而放松。古罗马人最先用英里来丈量他们的行军，在他们的时代一英里就是1000步。好几次我试着数1000步，但现代思维显然比过去行军的人更容易走神，我总是数过100后不久就忘记数到哪儿了。

德文郡的乡村地区犹如牧歌一般。它感觉上就像是英国空想主义，那种很多人梦想中的完美生活。我沉思着，想象自己如果能住在这里该有多高兴。而就算在想的时候，我也知道这是懒惰而一厢情愿的想法。我会渴望更大的房子，更大的拖拉机，胸部更丰满的挤奶姑娘。或者我会觉得厌倦，渴望自己能再次住在城市。然而，毫无疑问的是，对我这种拥有永远过于活跃的思维和令人不满的风度的人来说，对这片沉静又绵延起伏的风景的一次浅尝就如同一剂良药。

如果你并不在意自己要去哪里，很难说这到底算不算得上真正的迷路。至少我意外地发现自己身处柯勒律治（英国诗人和评论家）的出生地奥特里圣玛丽时，心里就是这么想的。这里的森林就像这里的丘陵一样古老。我找到一家酒馆歇脚，重新在地图上找到自己的位置，想着自己到底是如何在古罗马道路上迷路的。晚些时候，我在教堂墓地晒了一阵日光浴，等着本地佳酿的酒劲过去。

之后我往大约是东方的方向走去，只靠背向西方地平线上落日玫瑰色的光芒来定位。我跟着自己的影子走到一座山顶上，打开睡袋过夜。

黎明时分我穿过树林，林中缀满风铃草，到处回荡着鸟儿的歌声。行进中的大部分时候，我都觉得仿佛这片土地上只有我。在我高高兴兴地穿过“自己的”树林，翻过德文郡陡峭而美丽的山丘的时候，路上几乎看不到人。

到达萨默塞特郡的时候我双脚都在疼，汗水浸透的衬衫贴在背上。一位正在浇花的女士问我要不要“浇下水凉快一下”。古老道路两边的地面升高了大约20英尺，长满了繁茂的野蒜。这是一条凹陷小路，被数百万像我这样的人的脚步磨蚀而导致路面下沉。这是一个难忘的视觉提醒，提醒着我所追随的所有脚步，所有的故事和历史。

我想自己不会成为一个十分优秀的军团士兵。我不放过休息的借口，要么观看一阵几位女士的门球赛，要么跟一位坐在茅草屋外的老人聊天。“你会正好经过迪宁顿码头酒吧。”他建议我说，他的口音在发元音时显露无遗，“你该来一两瓶苹果酒，年轻人……”

我本没打算歇脚，但接下来的一英里路我热得头昏脑涨，决心也如潮水般退去。我走进酒馆凉爽的黑暗中，扑通一声坐在一条木头长凳上。喝下两品脱（1英制品托=568.26125毫升）清凉又浓烈的苹果酒后，我半醉着跳起来，神采奕奕地自顾自唱着歌，就像《阿斯泰利克斯历险记》里醉醺醺的军团老兵特雷门斯德利里乌斯（Tremensdelirius）一样。夜幕降临，我在另一片松软的田野里扎营睡觉。

第二天，我到达了古罗马小镇伊尔切斯特，正好赶上一个妇女协会举办的咖啡晨卖会。村政厅友善的老太太咂着舌，在我身边忙活着。

“只要1英镑，亲爱的，你就能有一杯茶和一块味美的蛋糕。”更正一下，亲爱的女士：用2.5英镑我就有两杯茶、两块蛋糕，再多加一块蛋糕在路上享用啦……

我向着目标继续前进，时间和路程近乎催眠般影绰不清地退去。当你行进顺利，这样的模糊便会降临。我到达了有着现代的两车道取代福斯路的位置。我从车道上爬下来，走到旁边被废弃和遗忘的古罗马道路上。荆棘蚕食着路面，草冲破了柏油碎石路面生长出来，两只狐狸崽子在我静静接近时仓皇逃走了……重夺道路的速度如此之快，福斯路在2000年后仍在使用感觉上是件非常了不起的事。

我沿着狭窄的小径穿过黄得耀眼的油菜花田，我的靴子沾满了尘土。小朵的白云点缀在酷热的蓝天上。我很感激一个村庄的邮局局长在他午餐时间打开了邮局的门，容我在里面买一根雪糕。他对我的道谢只是耸耸肩：“你看起来很需要它的样子。”

我在地图上搜索着深度可以游泳的溪流。终于在布鲁河找到一个宽阔而清爽的池

塘。游完泳后我在河里洗了身上唯一的衬衫，再穿上等它晾干，一边想象着古罗马人会对我的卫生习惯大皱眉头，毕竟他们在巴斯的澡堂可是世界文化遗产。

在巴斯以北，福斯路标志着格洛斯特郡和威尔特郡之间的边界线。羊驼在一片金凤花中吃草，好奇地抬起头看着我经过。福斯路在这里只是一条小道。砾石小径穿过树林，与需要涉水通过的溪流交汇，最后从中间穿过一个飞机场。绕过机场时，双翼机在我头顶飞过，一头鹿从我身边的树篱中蹦出来，跳跃着穿过原野跑开了。

我沿着一条小径穿过最后一片草地，路的尽头是标志着泰晤士河源头的柱基。现在是夏天没有水流出来，所以我实际上走了好几天，只到达了一片空无一物的原野。但不要紧，这是我的旅程，规则由我制定。要紧的是在仅有的几天空闲时间里，我睡在户外，在河中畅泳，看过新的地方，努力行走并挑战自己去活得简单。我为自己创造了一个小小的冒险。

其他类似设想

- 120英里长的“香客道”从温切斯特延伸到坎特伯雷，在未经证实的传说中它是朝圣者前往圣托马斯·贝克特（英格兰国王亨利二世的大法官兼上议院议长）的圣坛所走的路线。
- 沿着哈德良长墙从英国一侧海岸线走到另一侧。84英里长的路径全程都有路标（见63~67页）。
- 1200年前，麦西亚的国王奥法建起了如今被称为奥法大堤的土沟和城墙。沿着这条70英里长的大堤，有一条国家步道贯穿整个威尔士–英格兰边界。
- 在苏格兰1715年的起义之后，韦德将军受命建造一个庞大的军用道路网来对抗詹姆斯二世党人的威胁。你可以从威廉堡往洛奇湖探索。
- 在17世纪，西莉娅·费因斯（17—18世纪英国旅行家）游历过英国各地许多地方。浏览一下她的书《西莉娅·费因斯的旅行》（*The Journeys of Celia Fiennes*），在你附近寻找微冒险的启发。丹尼尔·笛福也对他“穿越整个大不列颠”的旅行进行了全面的记述。
- 骑车从伦敦到奎恩托克山，重走爱德华·托马斯（英国诗人，作家）100年前追逐春天的路。这会是一次有趣的旅程。
- 圣卡斯伯特之路（The St Cuthbert's Way）全长65英里，位于苏格兰边境上的梅尔罗斯和诺森伯兰郡海岸的霍利岛之间。
- 斯诺登峰早在1639年便有人攀登过，你爬过了吗？本尼维斯山最早的登顶纪录来自1771年的植物学家詹姆斯·罗伯森。数十年后，约翰·济慈（英国诗人，作家）将他的登顶形容为“像爬上了10座圣保罗大教堂却没有楼梯的便利”。
- 在苏格兰60英里长的山贼步道上追随可怕的偷牛贼足迹。

19 海上冒险

我用力划桨。海浪攫住了皮艇，将我冲到海滩上。我的朋友西蒙和里奇在旁边大呼小叫。

所需时间：	一夜
地　　点：	任何一处海岸
困难程度：	中等
额外装备：	海上皮艇、钓鱼装备
更多信息：	请扫码看视频

我们是海滩上仅有的人——眼前矗立的悬崖意味着踏上这段海岸线的唯一方法是从海上过去。我们把色彩鲜艳的船拖上空无一人的沙滩，远离青绿色的海浪。不止一次，我惊讶于在英国找一处偏远而惊艳的地方有多简单：只要你做一点小小的努力，有独创性的思考，然后到鲜有人至之处去。

我们的计划只是在河口右转，然后探索海岸。我们会在身后拖上渔线，希望能钓到点什么，等晚上找一处无人海滩生起篝火煮来吃。我们没有走很远——这更多是一次趣味划船，刺激一下大家的食欲——但旅程也远得足以让我们离开市镇来到一片无人海

Dagger

滩。制造一种僻静和遥远的假象几乎就和真的一样，令人耳目一新。微冒险的一个重点是，不要觉得有义务苛求自己。如果你在日落前只有几小时时间，别觉得你必须要旅行到世界尽头。当我们出海时，天已经晚了，水面波平如镜，倒映着蓝天。

海上泛舟能给熟悉的景致一个新的视角。在挤满外地游客的热闹的海岸线上，它能让我们看到旱鸭子们无法看到的事物。驶进又冷又黑的海蚀洞时，我们觉得自己就像是探险家进入无人走过的处女地。而当我们回到灿烂的阳光下，海豹从船边的平静海面下钻出来，不屑一顾地嗤笑我们。它们潜入水中时，我兴奋地四处张望，盼望着能看见它们接下来在哪里浮出水面。海鸠迅捷地从我们头顶飞过。但一只海豚击败了其他野生动物，它在我们不远处跃出海面，伴随着三个大男人兴奋的大呼小叫。

皮艇平稳地划过清澈的海水。海上的空气异常清新。我们前进得比步行速度更快，但只花了一样的力气。里奇和西蒙已经钓到了海鲈和鲭鱼，我感觉既羡慕又好奇。不过，尽管我还是菜鸟渔夫，在察觉身后拖着的渔线扯动了一下时，我还是感到了一阵惊喜，松了口气。我钓上来一条极其庞大的鱼，它比起鱼更像是头鲸鱼……也许，唯一重要的统计数据更为实在：它比其他鱼大。

清澈平静的海慢慢地涌来了柔和的潮水，我喜欢滑下浪头时的速度。今晚会是月圆夜，是朔望大潮，潮水涨得比平时要高。此外，月亮正在近地点，离地球最近的位置，会使潮水更加高涨，月亮也显得更大更圆。根据维基百科，它的专有名词是“近点朔望月”。傍晚月亮从庇护我们的小海湾上升起，“超级月亮”这个通用名词与它此刻的模样更为相配。

“皮艇平稳地划过清澈的海水。海上的空气异常清新。我们前进得比步行速度更快，但只花了一样的力气。”

朔望大潮也意味着留给我们的沙滩很窄，因为我们是在潮水最高时登陆的。我们最后用力划了几桨，船擦着沙地停下。我们爬出船，爬上一小片沙滩。在我们上方，绿色的山丘装点着被风雕刻得奇形怪状的松树。平缓的山势戛然而止，变成困住我们的笔直悬崖。我们伸展身体，相视一笑。

海上皮艇活动的一个好处是你能带上很多装备。所以现在我们穿上潜水衣、面罩和浮潜面具，游到附近的岩石上去给晚餐加菜。海浪翻滚着拍碎在岩石上，显出一种美丽的粉绿色，我们屏住呼吸下潜到翻卷的海浪中。我们找到大量的蜘蛛蟹。它们攀附在彼此身上和岩石上，身体有西柚那么大。西班牙人会为一只蜘蛛蟹付出比等重的龙虾更高的价钱，然而在这里我们伸手就能捡起我们的晚餐，不需要付出比一次清爽的夜泳更多的力气。

我们用浮木生火做饭。如果是在餐厅吃，这一餐可值不少钱，但我们的菜是免费的，还附送太阳没入海中的美景。夜幕降临，我们在火中堆上更多木头，围坐在火堆旁分享划船旅行中最喜爱的时刻，讨论在忙碌社会中放慢自己生活的步伐、珍惜真正重要的事物在我们文化中是怎样一个困难的挑战。这样的小小出逃感觉就像慢冒险，就像

“我在柔软的沙地上打开睡袋，仰望着星空，听着海浪拍打着我们的私密海滩进入了梦乡。”

慢食运动是对快餐的反叛。这样的微冒险只包含旅行和冒险最重要、最好的部分，却没有冒险和旅行的麻烦、高昂费用或出国旅行的需要。

我吃饱了海鲜，吸饱了新鲜空气，感觉自己放松了下来，仿佛已经远离真实生活几星期，而不只是一天。我在柔软的沙地上打开睡袋，仰望着星空，听着海浪拍打着我们的私密海滩进入了梦乡。冒险就在身边，真的，只要你努力去追寻它。

如果你想尝试海上皮艇活动

我犹豫过要不要把这个故事写进书里。海上皮艇活动需要更昂贵的装备和更忙乱的后勤工作，对微冒险来说并不理想。但这又是个了不起的活动，可以让你对海岸线有不一样的视角，也能到达新的仿佛不曾被发现的地点，因此，我决定稍微改变一下规则（注意，最后的规则见150页）。上面的故事其实是两个不同的旅程融合而成。我最想达到的目的是传达海上皮艇之旅的魅力。

你可以在以下几个地点尝试海上皮艇活动，再决定要不要在必需的装备上挥霍金钱：

- **威尔士：**大森林：www.coldatnight.co.uk/on-the-sea.html
- **英格兰：**康沃尔海上皮艇活动（Sea Kayaking Cornwall）：www.seakayakingcornwall.com
- **苏格兰：**戈登·布朗在斯凯岛（Gordon Brown on Skye）：www.skyakadventures.com

  或者Sea kayak Oban：www.seakayakoban.com

“驶进又冷又黑的海蚀洞时，我们觉得自己就像是探险家进入无人走过的处女地。而当我们回到灿烂的阳光下，海豹从船边的平静海面下钻出来，不屑一顾地嗤笑我们。”

返璞归真

我想返璞归真。我想将生活变得简单，完全地逃离它，让自己的步伐放慢一小会儿。我联系上尼克，他是我的朋友。我第一次遇见他时，他正住在一个树屋里。

所需时间：	由你决定
困难程度：	中等
地　　点：	由你决定
交通方式：	无
额外装备：	无
更多信息：	请扫码看视频

我们决定在树林里住一段时间，过得尽可能简单，尝试完全依赖这片土地生活。我们想看看自己能不能应付古老的打猎采集生活。我走进萨塞克斯的绿林前听的最后一首歌是约翰尼·卡什演绎的《伤痛》。它就像一个预兆。

我们出发了，只带着一把刀、一柄斧头和一副取火用的弓钻。我们用预先做好的牛肉干和一块来自尼克开办的觅食学校的腰腿肉作为起始物资，因为就算是穴居人也会有一点储备物资的。掏鸟蛋是违法的，所以我们也带了一盒鸡蛋，每找到一个野鸟巢就会允许自己吃一个鸡蛋。我们只穿着身上这一身衣服，就像真正的尼安德特人一样，还带了几块毛皮作为夜间保暖之用。就这么多了。这趟旅程就打包装备来说很简单。

如果我是自己一个人，那撑个1小时左右我就会被无聊和饥饿击败。但尼克比我更放松也更有耐心，他对我们周围的自然世界有丰富的了解，知晓那些我们几乎没人能看见的事物。于是我们坚持了下来。（我想对于普通人，比如你和我，对这个微冒险的现实的替代方案是朴素地带点食物、几个茶包还有一盒火柴。把手机留下，独自出门去树林里待一会儿，试图让自己跑马般的思绪安静下来。）

那时是5月，所以春季时蔬的季节已经过去，而坚果和水果的季节又还没到。我们靠吃牛蒡、啤酒花芽、山核桃和三棱葱果腹。这些东西既吃不饱，也不怎么好吃，所以我们开始饿了，非常饿。在觅食的间隙我们用弓钻生起了一堆火（我说的“我们”其实是指“尼克”）。我们用容易弯曲的榛树和鹅耳枥树枝建起庇护所，又冷又饿抖抖索索地度过夜晚。第二天早上醒来后，我们又用了一整天搜寻食物。然后又一天过去了。但事情不必非得要有趣你才能享受乐趣……

考虑到我们没去任何地方，没看到多少东西，也没真正做什么事，这是个非凡而难忘的微冒险。住在一片15公顷的树林里，几天没有与现实世界发生接触，所有的食物、舒适和庇护完全依赖自己的辛苦工作，这是个艰难但予人启迪、令人平静的经验。

回到伦敦坐地铁回家时，我注意到车厢里没人坐在我旁边——我身上脏兮兮的，还散发着烟火的臭味。我的感官在一个寂静的绿色世界里待了几天，只听见风和鸟的声音，因此变得格外灵敏起来。我对生活中的日常更加关注，也更有兴趣。食物闻起来更香了。女士们看起来更美了，音乐听起来更加丰富。我利用这一点多余空闲在日记上写下一点笔记：

我想了想，猜这是周三。要看手机日历我才搞得清楚这个暮春夜晚的日期，因为几小时前我才从树林里出来。我明明离家不远，却觉得自己已经远离尘世很久了。以下是我学到的事情：

一点知识和大量练习肯定是有回报的：尼克靠着棍子互相摩擦只用了几分钟就生起了火。这是魔法般的一幕。

火生起来以后，就该去搜集木头建个庇护所了。毕竟未来几天都要待在一个小树林里，除了找下一餐勉强果腹的食物之外毫无其他盼头。要一个忙碌的大脑面对这种前景是非常无聊的。

我对这些事物上瘾：知道时间、咖啡、音乐、电子邮件和Twitter。

自己努力得来的食物更味美。

荒野和美景从不遥远：你只要去寻找。

“我们决定在树林里住一段时间，过得尽可能简单，尝试完全依赖这片土地生活。”

在露天中醒来，身边是阴燃的余烬，耳边传来鸟儿的歌唱，眼前太阳正在升起，这些事情都能抚慰人的灵魂。

在憎恨这个愚蠢的实验几小时后，我留

意到自己的思维正在放慢脚步。我开始适应没有手机、没有互联网、没有新闻的状况。取而代之的是，我开始观察，开始真正地注意到周围。我开始努力寻找那些小小的可食用的叶子，因为兔子发出的窸窣声而停下脚步；我开始关注自然，关注这个弱肉强食、努力在我们身边的树林里求存的世界。

我的指甲缝还是很脏。待在室内感觉太热了。但咖啡现在尝起来如此鲜醇，《哦，我可爱的姑娘》（*O Soave Fanciulla*）听起来如此悦耳，入睡时我的床感觉如此美妙，我对今天学到的重要一课深感欣慰：活得简单，慢下脚步，只专注于重要事情，记得心存感激。

自己来试试

如果你想学习丛林谋生和觅食的技巧，可以来尝试这些课程：

- **英格兰萨塞克斯郡：**尼克·韦斯通是我们这次微冒险的旅伴，他管理着www.huntergathercook.com网站。
- **德文郡：** www.wildfoodwalks.co.uk
- **肯特郡：**www.fergustheforager.co.uk
- **约克夏郡：**www.tastethewild.co.uk
- **威尔士彭布罗克郡：**www.llysmeddyg.com/short-breaks-pembrokeshire/short-courses-llys-meddyg/foraging
- **苏格兰：** www.gallowaywildfoods.com

www.wildwoodbushcraft.com/bushcraft_course_list_scotland.htm

21 闭上眼睛，出发吧！

所需时间：	由你决定
困难程度：	中等
地　　点：	由你决定
交通方式：	步行或骑自行车
额外装备：	地图、指南针以及使用它们的技巧
更多信息：	请扫码看视频

在世界各地旅行的日子里，我明白了旅行的真正亮点不在于游人如织的热门景点。最好的总在小处，它们是你在景点之间的意外发现。马丘比丘很美，但远不如在通向那里的疯狂山路上骑行。金字塔好看，却比不上骑行横越西奈半岛的旅程有趣。

世界充满无限的变量，古怪又奇妙。只看你已经在电视上看过的景色多么可惜，大胆一点，在你一无所知的地点赌一把吧。

这同样适用于微冒险。我尽可能地在书里塞满你可以在任何地方尝试的点子，不让你被特定的地点和指南束缚。微冒险是为了尽可能利用你的时间和周边环境，而不是被它们所限制。

也就是说你要做的只是拿起地图，闭上双眼，把手指移动到地图上方，然后随意地戳下去。现在你已经为一次有趣的微冒险选好目的地了。

这次冒险的目的在于用你希望的任意方式旅行到这个随机选择的地点。你遇见的事物，看见的一切，你在途中的思考——旅途中可能会有比地图上随机的一个点更有趣的事物。但一开始没有那个终点作为目标的话，你不太可能会做任何冒险里最困难的一步：出发。

你可以用家乡的地图来尝试这个主意，用一张全国地形测绘详图，或者你真的有足够的胆量和时间，可以用一张世界地图！转动地球仪，爱冒险的陌生人，然后看看你的命运将指向何方……

这不算是作弊，不过如果你像我这样在苏格兰高地尝试这个主意，那理所当然会有更大机会收获美景。我在托里登一家咖啡厅吃着培根三明治，这里是英国其中一个我最爱的地点。我的第一指戳在海洋的中央。于是我又点了一次，拨掉地图上的面包屑，看自己点到了什么地方。

我的手指点在了山区。红色的等高线密集而凌乱，就像一碗意大利面。我看着地图上的等高线和符号，试着在脑海里想象当地具体的模样。在半山腰处，一个小小的圆湖随意地嵌在冰斗中。看起来我会去游个泳了。

这是个灰暗的上午，雨冲刷着窗户。就像平常一样，我加点了一杯咖啡，为上路做准备。在我出发之前，我用尽拖延的借口……咖啡厅很安静，我是唯一的客人。也许是我想多了，但感觉女侍者的目光盯在我的背上，脸上带着轻蔑的表情。我叹了口气付了账，转身走进雨中。

我离开城镇，一路咕哝着抱怨自己是个笨蛋，尽力游说自己明智的做法是回到咖啡厅再点一块蛋糕。但当你已经淋成落汤鸡，就不妨接受现实吧。你会意识到事情反正不会变得更“落汤鸡”了，没多久你就会意识到自己并没有装作的那样凄惨。

世界充满无限的变量，古怪又奇妙。只看你已经在电视上看过的景色多么可惜，大胆一点，在你一无所知的地点赌一把吧。

云散去了一些，正好显露出我四周的山顶。这真的是英国美得让人目瞪口呆的一面，我开始享受雨中跋涉。事实上我并没有前往什么特别的地点，这让我更享受过程。我天性总是匆匆忙忙，去我要去的地方，越快越好。但在这趟旅程里，除了细细品味路上的小小片刻外，我并没有什么别的可做。所以我绕路去爬了一座小山，爬上一片砾原，而不是只在湿滑的草坡上跋涉。这是条更长的路线，但更加有趣。其中一座小山变得格外陡峭，我不得不在最后几码用上了攀岩技巧。因为我不是攀岩者，这段路艰难又吓人。万一坠落，那后果不堪设想。

那晚我睡在高处——有时这是躲避苏格兰蠓虫的唯一办法。我孤身一人，处于一座多雨的门罗级山峰的高处。周围没有风景可看，我也没有带书。天下起毛毛雨。这既不特别令人兴奋，也不特别让人愉快，所以我很早就睡了，半梦半醒地度过了一个潮湿的夜晚。

在露营袋里度过雨夜感觉并不美好。你

没事可做，只能往睡袋里缩得更深，把头罩拉起来遮住头，然后等待天亮。然而，尽管你比住在旅游酒店里更不舒适，却能收获彻底自由带来的深深的喜悦。这个总比宾馆房间里闷热的消毒空间要好。在我的日常生活中，早晨总是伴随着闹钟可怕的尖叫破门而入，既突然又讨厌。每个早晨以一段短促的遗憾开始。我希望这不是早晨。我希望一天还未降临。从心理上讲，这不可能是个好开始！但在这里，在我的山上，我很高兴能醒来。雨已经停了，天空变得晴朗，景色非同一般。我感觉自己是个幸运的人——比一个睡在潮湿睡袋、吃着湿软薯片做早餐的人理应感受到的更幸运。

任何在乡村醒来的人都知道走到室外遥望群山的感觉有多美妙。在晴朗的早晨，空气甜美而清新，带着雨的湿润。现在想象一下当你身处群山的顶端，感觉到这一切暂时都属于你，感觉会有多美妙……

早晨的空气清新宜人，我在巨石上坐了一阵，尽情欣赏着四周的风景。能爬上这里我感到很兴奋，雾中登山的优势是意外的惊喜，如果像现在这样天气好转，突然之间，你就会第一次看到清晰而宽广的世界在你脚下铺开。我脚下的山坡十分陡峭，更像是飞机上看到的景色，而不只是山景。我俯瞰着山谷向灰色的狭长海湾延伸。我能看到昨天早上自己登山时所走的路。我很高兴自己花了这个工夫。有一条丰沛的银色河流沿着路边流过，谷底地势平缓，直到在山侧的峭壁前突然爬升，形成一系列规则的陡坡和短小的岩脊。寂静是绝对的，当我留意到这一点时，寂静就像覆盖在大地上的真丝床单，走动和打破它都会让我尴尬。

也许这是我进行过的最没有意义的旅程。我徒步前往地图上一个随机的点，心中明白那里什么都没有。我到达那里后唯一会做的事就是转身回家。但摒弃这样的行程就等于摒弃所有的登山运动和极地冒险，更别提离家骑行绕世界一周就是为了再次回到家……

“云散去了一些，正好显露出我四周的山顶。这真的是英国美得让人目瞪口呆的一面，我开始享受雨中跋涉。事实上我并没有前往什么特别的地点，这让我更享受过程。”

我歪了歪嘴角对自己笑笑，放下帆布背包在水边坐下。如果没有这个随机练习，这会是个我永远不会来的地方。说实话，我应当指出眼前这个景象我就算没见过也不会觉得遗憾，但你总要抓住这么个机会。

我坐下来，在我不耐烦的天性能忍受的范围内享受平静。如果我从所有这些微冒险中只能收获一件事，那我希望自己能学会安静地坐一阵。我能想到的唯一标志着抵达的事就是游泳。于是我脱掉衣服，慢慢走进冰冷的水中，想游多远就游多远。我一直游到自己看不到岸为止。不管转向哪边，我能看见的只有水和雾，感觉我好像要从这个星球上消失一样。我失去了冷静，转身游回去，穿上衣服然后慢跑到村里喝一杯应得的茶，还有那块蛋糕。

所以我在布满岩石的斜坡上爬下又爬上，我的双腿因为扫过石楠和细长的沼地高草而湿透。天气又一次变坏，云层开始下降，直到我开始走在湿冷的云朵中央，无法看到前方有什么东西。我跟着一个罗盘走，跳过小溪，在石头上平衡着身体穿过一个瀑布的顶端。如果这是一个温暖的夏日，旅程会非常美丽而诱人，但在英国冒险就是件碰运气的事：如果非要有好天气，那你基本哪儿都不用去了。

再过几小时我就会到达那个网格坐标点。从地图上我知道岩壁会从湖的三面陡然升起。如果我能看见任何东西，一切都将令人难忘，但我能看见的只有岩石和草丛中间平滑的水面。

其他类似的点子

其他为你的旅程增加偶然性的方法如下：

- 掷骰子决定你的计划：1=自行车，2=步行，3=跑步，4=游泳，5=皮划艇，6=你自己决定。
- 当你到达道路交会处要决定前往哪个方向时，转个瓶子。
- 沿着一个罗盘的方向或者一条经线，尽可能地沿直线前进。
- 地理寻宝对小孩子来说是一个有趣的活动。它也是让你踏上随机旅程，到达从未去过的地方的好方法。网上搜集更多信息并找到你家附近的寻宝点（见22页）。

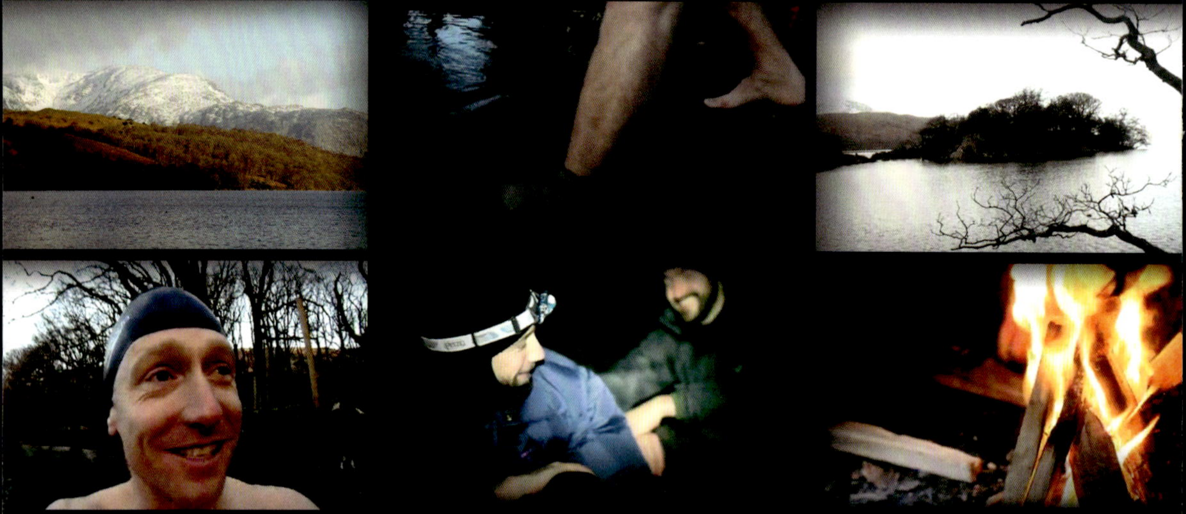

22 岛上扎营

作为一个男孩子，我喜欢冒险故事，诸如伊妮德·布莱顿的《五伙伴历险记》、威勒德·普赖斯的《冒险》系列，还有亚瑟·兰塞姆的《燕子号与亚马逊号》。

所需时间：	一夜
困难程度：	中等
交通方式：	游泳
额外装备：	垃圾袋、保暖衣物

我羡慕他们的冒险：驾着小艇去探索小岛听起来就像天堂。

事情是这样的：现在我是个大人了，而这听起来还是像天堂一样。也许这表示我没有真正长大，或者“长大成人”并不意味着我们对冒险和荒野的渴望会减少。也许，其实是成年人——缺乏时间、缺乏耐性、野心勃勃、满心烦躁的成年人才能真正从冒险里有所收获。

受《燕子号与亚马逊号》的精神所鼓舞，我的朋友艾伦、弗格和我决定到一个岛上睡一夜。我们没有帆船（也没有姜味啤酒），但这感觉只是个小细节。为了保证装备和后勤尽可能简单，并把挑战最大化，我们决定要游到岛上。小岛离岸不过100米左右，游起来很简单，如果不是水很冷，很冷的话……

我们站在湖岸上，戴着绒线帽，裹着羽绒外套。我问自己：为什么会想在情人节跟其他男人在彻骨的寒冷中几乎脱个精光。但当你一想到“这是个令人兴奋的主意”，然后紧接着想“这是个非常愚蠢的主意”，那你知道自己已经要开始一件好事了，而且退缩的话还会后悔。

于是我们脱掉衣服游泳。毕竟，“淹死也比不中用强”（Better drowned than duffers）。

我们尖叫（至少，我尖叫了。艾伦和弗

格更严肃），水特别的冷。我们游到了。我们瑟瑟发抖。我们微笑。我们生起一堆火温暖身体。

岛上扎营感觉与众不同，它当然与“在陆地上”扎营更不一样也更具冒险性。我们煮了肉，喝了红酒。艾伦负责我们的补给，他除了肉和红酒外什么都没带。他分辩说只要有好地方，你并不需要别的东西来度过美好的一夜。我们谈笑风生。

我非常享受这次微冒险。它多么简单，多么便宜，多么省时，按下我们繁忙生活中的“刷新并重启”键感觉如此重要。游过短短的100米水域就让我们远离了外面世界的忧愁。退出生活，哪怕只有一夜，也能带来全新的视角和专注。

我们躺在露营袋里，透过轻轻摇曳的树木仰望着星辰，直到沉沉睡去。到了早上，我们在火上煮培根和咖啡。我们都为游回岸上的事感到紧张。这太残忍了，但它同时也是非常有效的清醒方法。这次我们三个人都尖叫起来。

我恳请你给这样的尝试一个机会。最坏不过是你讨厌这个主意，决定你比自己认为的更喜欢正常生活和一张温暖舒适的床。这不是一个糟糕的结论。但我想更有可能的是你会珍惜微冒险，将它作为你日常生活中一个更好的视角，把它当作一个位于岛上的“真实世界”，而这个世界就在冰冷清澈的湖水的另一边……“去获得机会，这样你才不会后悔。”（出自亚瑟·兰塞姆的《燕子号与亚马逊号》）

我想探索的一些岛屿，但并不一定要游过去……

- 威尔士海岸对面的一些小岛，比如科尔迪岛、拉姆西岛、斯科克霍姆岛和斯柯莫岛。
- 埃塞克斯郡的湿地岛屿，像船长岛、霍西岛和奥西岛。
- 锡利群岛的萨姆森岛。

其他被书籍启发的微冒险点子见159~162页。

23 落叶归根

所需时间：	由你决定
困难程度：	中等
地　　点：	由你决定
交通方式：	步行或骑自行车

这本书的一个常见主题是单纯地为了制造迈出家门的理由而想出随意的旅程。这是将冒险引入你生活最困难的一部分。有一天，我对父母的童年产生了好奇。我想从家里旅行到我父亲成长的地方，然后再到我母亲度过童年的地方应该会很有趣。这会给我有趣的一瞥，窥见他们早期的生活，凸显两个生命相识相遇的随意性。除此之外，这是个不错的借口从利兹到利物浦骑行穿越奔宁山脉。

假如你感兴趣，我父亲出生在1月一个寒冷的日子，在利兹一条安静的街道旁一座半独立式房子楼上的前屋。他的父亲热爱高尔夫球，于是把房子命名为“球道”。我在一个温暖的工作日下午来到这条街上。房子的门牌还在，虽然“球道”的字样已经被黑漆涂去，取而代之的是更实用但也更无聊的“39”被钉在上头。我不肯定自己来到了正确的地方，直到我在“39”下面看到旧名字的轮廓。

我姑姑告诉我，我爷爷曾试图让街上每个人都在房子外面种一棵樱桃树。真可惜他没能成功，否则现在景色会棒极了。当我们要做类似决定时，我们通常不会考虑它们在数十年后的影响。也许我们应该考虑的。我去敲了敲门，没人回应。我其实还觉得有点放心了——我不确定自己会说什么。

于是我逗留了几分钟，想象我父亲在这条街上踢足球，学骑自行车，早晨出门给家里买报纸。来到这里比我想象的要更有趣和怀旧。然后我骑上自行车，向着我母亲在利物浦的家驶去。

这样的旅行为的是有目的地漫游。我太懒，也不够放松，做不到单纯地花几天随意地在乡村地区骑行。我需要一个目标作为理由，好去我们国家那些被杰克·瑟斯顿称为“消失的小路”上游荡。它不需要特别强大的理由，因为我确实享受探索那些隐匿之地。它们就藏在机动车道的灰色轰鸣后，藏在不为人所见的安静绿林里。但没有一个目标指引，我总会觉得自己更想做的是留在家喝杯茶然后开始查电子邮件。

这是一趟他人无法准确复制的旅程——也没有必要——所以我会保持细节简短。只有我的兄弟会有理由对此有直接的兴趣，而他不喜欢看书，所以大概永远也不会读到这里。所以就简短地说吧。

我骑车离开利兹，向着西方越发朴实的风景进发。这趟旅程有一种讨人喜欢的巧合的对称性。我的父亲在利兹出生，我的母亲则来自利物浦，而我在两座城市之间出生和长大。所以当我踩着踏板离开我父亲的童年回忆后，我就骑进了自己在约克郡溪谷的回忆，然后爬坡越过美丽的博兰德丘陵，骑向我母亲魂牵梦萦的地方。

一路溜下荒原后我看到兰开夏尔的工业城在我面前展开，连绵数英里。在海岸上矗立着布莱克浦尔塔（Blackpool Tower）。那意味着左方（南方）就是利物浦了。我能轻易到那儿赶上明天回伦敦的火车，于是我又骑了一阵，直到天开始下雨，我的热情被浇灭，然后我在酒馆里避雨，直到睡觉时间。

这样的夜晚我觉得有点不可思议。酒馆里人不少，很多人都来和朋友喝一两杯。有些人是自己来的，所以不会让我觉得格格不入——我很乐意一个人去酒馆，与一品脱啤酒和一本书做伴。不，我和其他人的区别是他们会离开然后回自己有厕所、有床的家，而我会睡在野外某处，在郊区的边界线上。因为野人的生活是取决于太阳下山的时间的，我不过是在这里打发时间。

我等待着以夜幕降临作为到达原野的时间——这样时间足够早，可以找个好地方躺下，但也足够晚，到时遛狗的人已经回家了，我就拥有了整片原野。我在离A59公路一箭之遥的地方凑合躺下，躺在一丛山楂树下边，只有一些好奇的奶牛一边反刍一边看着我。到了早上我安静地打包行李，骑上自行车，随着早间的车流一起进入利物浦。

我顺着便士小巷（Penny Lane）骑行，这里是我父母在蔚蓝的郊区天空下结婚的地方。一两英里后我拐进了我母亲以前住的街道。很小的时候，我会来这里拜访我外婆，所以这对我来说也是一趟回忆之旅。我依稀记得红砖山墙和隔壁的车道。我找到了。我的旅程完成了。

但这里也没有人在家，现在我不知道自己该做什么。感觉上没多少事是我可以做的。于是我出发去车站，回自己的家。

我觉得自己有点蠢，骑行两天只为了去一条普通的城市街道，但我很高兴自己做了这趟旅行。我觉得这趟旅程有趣而怀旧，也是一个有目的地漫游的好借口。我特别高兴的是那么多年前，一双命运之手将家在奔宁山脉两端的男孩和女孩连在了一起。

其他类似的点子

这是一个你可以根据自己的需要改变的点子，依据你的兴趣、可用的时间或家庭地理位置。一开始我想骑行到我四位祖父母的出生地，但绕路到康沃尔郡对我来说时间太长了。

你可以从自己的小学骑到中学然后再到大学，或者去拜访你曾祖的坟墓。你可以探访斯科特、威尔逊、鲍尔斯、贝茨和埃文斯（1910年英国南极探险队成员）这些姓氏的起源地，如果它像引起我的兴趣一样引起你的兴趣。（一段将近900英里的旅程，正巧也跟南极洲斯科特小屋到南磁极的距离一样长。）

你可以像迪克·惠廷顿（即理查德·惠廷顿，是英国中世纪的商人，曾四度任当时的伦敦市长。他是英国民间故事《迪克·惠廷顿和他的猫》的人物原型）一样从庞特利旅行到伦敦（带不带猫都可以），或者做一次到班克斯、科恩、查尔顿、穆尔、威尔逊、斯泰尔斯、波尔、皮特斯、赫斯特和亨特（英格兰获得1966年世界杯冠军时的国家队成员）的家的朝圣之旅。跟随连接伦敦和伯明翰的2号快速列车的路线或者查阅你的本地A~Z旅游指南，从第一个地点旅行到最后一个地点。做一次从巨石阵到英国太空总署的旅行，体验从古代旅行到现代。或者在牛津剑桥周末赛艇对抗赛（Boat Race Weekend）时从牛津跑步到剑桥。或者沿着东兰卡斯特路从老特拉福德球场旅行到安菲尔德球场，或者在一个赛季里骑行去观看每一次的六国橄榄球赛。

创造随意之旅的概念没有限制。要点就在于选定一个对你有意义的旅程，然后去实现它。

24 从源头到大海

也许一个微冒险最重要的要素是河流。在大胆地写下这句话后，我想其实有没有可能是一座山，或者是一辆自行车，或者是一个露营袋……

所需时间：	由你决定
困难程度：	中等
地　　点：	由你决定
交通方式：	可以漂浮的东西
更多信息：	请扫码看视频

不管怎样，河流的排名就是在很高的位置！在英国有超过7000条河可供探索——就是说周末郊游的选择比你余生的周末总数还要多，前提还是你能在一个周末完成你的河流的全程。你得与塞文河做斗争，它是英国最长的河流。它在普林利蒙（Plynlimon，一座据说住着巨人的山）的斜坡上涌出，然后流淌过220英里直至塞文河口。但即使不算那些最长的河流，你还有数千条河可以探索。

我对河流有着长久的爱恋。小时候我和兄弟朋友建造水坝，跳过小溪，用手去抓滑溜溜的小鱼。到年纪大一些，当我的目光开始投向地平线并开始旅行，我更感到河流强烈的吸引力。它们于我不再只是玩耍的地点。每一条河都有属于自己的旅途，它们坚定地从源头流向终点。这种连续活动会每天24小时、一周7天地持续几百年、数千年甚至数百万年。

沿着任何河流，任何一条地球上的河流前进，从它的源头一直到它入海的地方，你都会找到一趟有趣的旅程。你会遇到高地、凹地以及之间的一切。另外，你的冒险会在大海终结，这总是一个不错的终点。沿途你会看到风景与社会的完整图景。

人类总是聚居在河边。很多城镇一开始是策略性地选址在河流的弯曲处，利用弯曲处作为防御或者作为建桥的地点。其他城镇则在有甜水处，或者在河岸宽广到可以涉水的地方发展。河流关于人类的一面是很有趣的，所以我会敦促你们去沿着附近任何一条河探索，不管这个主意开始听起来有多枯燥、平淡。

但完美而原生态的河流有一点特别之处。我在苏格兰的时候有几天空闲时间，正

好有一个橡皮筏放在车的行李厢里，所以我拿起一份地图寻找两天能完成全程的河流。我要被选择之多宠坏了。我几乎是随便选了一条河，停好车，背起背包就开始往山上走，去河的源头。愚蠢的我忘了带地图，但并不怎么担心：我要做的只是跟随一个罗盘走一天左右，直到我到达河流，然后顺流下海。

到达河流的源头本身就很有趣。我翻过无名的山丘，穿过松木种植园的密林。一群鹿看着我，警惕并颤抖着，在我突然跳过小溪时飞快地跑开了。我把一丛富有弹性的石楠当作睡床。我肯定是这方圆数英里的空山中唯一的人了。这感觉就像一个国王，骄傲地拥有着目光所及之处的一切。这可能是获得百万富翁体验的最便宜的方法（虽然是个缩在露营袋里吃着南瓜猪肉派挨着蠓虫叮咬的百万富翁）。

第二天我抵达了位于山顶的一个小湖。这是个可爱的地点，尽管不太可能在导游书上留名。如果不策划这趟小小的旅程，我永远不会来到这里。

我跟随着小湖流出的小溪，边走边吃着花生。溪流跳跃着急速地往下冲，经过一片长满地衣的矮小的桤木林和一系列的小瀑布。自从昨天离开大路后我一个人都没见过。我不在意自己前进的方向或者地形是什么样子：我跟着这条小溪，不管它将我带往哪里，直到它旅程的终点——大海。我喜欢在野外的这份简单，也喜欢它允许我“关掉”思绪和忧愁。

在山中努力行进是件好事，但我懒惰的一面正欢迎着每一条小溪和支流加入“我的河流”，增加它的流量。现在我已经走了很长的一段路，河流的水量每增长一次，都让我离停下脚步改走水路的一刻更近。我给橡皮筏充气，带着一个快乐的微笑，坐在船上开始顺流漂浮。如果我有一天能上天堂，我希望那里有可以划船的湍急溪流（如果你没有橡皮筏，你可以选择一条足够温和的河流，用橡皮艇甚至是一个拖拉机内胎或气垫床漂流——见133~137页）。

水被流过的泥炭沼泽染上了威士忌的颜色。我冲下激流，漂过平缓蜿蜒的弯曲处，从鲑鱼的头顶经过。我在垂下的树枝下低头，扛着橡皮筏通过水太浅而无法划桨的砾石浅滩。因为这条河很小，偏远也不著名，我完全拥有这一切。夜幕降临前一小时左右我划过最后一段下游河段。河流宽阔而平缓，鲑鱼浮上水面吃着每一个平静的小池塘水面的苍蝇，一只鹭在河岸上看着我。最后，我眼前的景色展开了。我到达大海了！我感受到对于一个两天的旅程来说简直不成比例的兴奋，但从源头旅行到大海是如此令人满意的完整旅程。我觉得很高兴。

傍晚的时候，我在无人的鹅卵石滩上打包好橡皮筏，开始徒步前往最近的火车站。这时我才发现自己的错误。我不在自己预计的地方。我没有去那条原定要去的河流！我到达了跟自己原定要去的完全不一样的海湾。

这个导航上的失误没有让我的冒险失色——我的竞争力大概是很失色——但冒险没有失色。其实，这恰恰证明了你要去哪里的什么河流真的不重要。重要的是你在河上泛舟寻求冒险。所谓错误的河流这种东西是不存在的……

利用英国的河流和运河

就像本书的其他内容一样，常识与礼节是在英国水道划船的关键。两者结合意味着我永远不会碰上麻烦或者在英国的河流上陷入争执，尽管进入河流有理论上的复杂性和法律上的灰色地带。在罕见的问题发生时，我建议你遵从英国泛舟协会（BCU）针对英国白色水域所制作的手册（BCU handbook to English White Water）上的建议：“如果你受到挑衅，理性礼貌地行动并按照要求离开，事情通常就这样结束了。”

通常，划船者在苏格兰的河流进入权是全英国最好的，他们对所有的户外运动都是如此。《苏格兰户外活动准入守则》是其中不可或缺的一部分。在英格兰和威尔士，确保你是通过一块公共土地进入河流，或者在你需要穿过私人土地时请求许可。尊重其他河流使用者，不要打扰他人在做的事，留意鸟类筑巢季节和鲑鱼卵床等问题。

河上划皮划艇和运河上航行有时会需要一个执照，虽然一些较大的、可航行的无潮汐河流可以不用执照就在其上泛舟。英国泛舟协会是皮划艇和划筏运动的主管部门。网上可以搜索最新的执照资讯和水道的准入权利。

如果喜欢，你也可以尝试

- 达特穆尔的任何一条河流（比如达特河、厄姆河、普利姆河或者奥克门特河）都会是一个很好的挑战，因为它们从高沼地中间平淡无奇的沼泽台地涌出，向着不同方向流去。
- 埃斯克河从斯科费尔峰高高的山侧涌出，快速地向海洋奔流。
- 利文河从温德米尔湖流出，只流淌8英里就到大海了。

25 运河之旅

就跟河流一样，不要忽略英国境内的2000英里运河，它们中很多是对公众开放的。

所需时间：	由你决定
困难程度：	中等
地　　点：	由你决定
交通方式：	能漂浮的东西
额外装备：	可以有

运河是英国历史不可或缺的一部分，并且在工业革命中扮演了关键的角色。它们平静地蜿蜒穿过英国不那么乡村的部分，为住在房屋密集区的人们提供一片绿洲和一条通往微冒险的途径。但不要低估一条运河提供高难度体力挑战的能力。

想一想，比如125英里的迪韦齐斯到威斯敏斯特皮划艇赛——“世界最长的不间断皮划艇马拉松”。竞赛的头52英里在肯尼特与埃文运河，比赛每年在复活节周末举行。就像很多愚蠢但有积极意义的事情一样，它最初诞生于一次酒吧打赌。这是个非凡的挑战，也是我必定会推荐的比赛。

在起跑线上，我们担心自己不会被允许起步。人人看起来都非常专业，我们也听说

在参赛前需要至少4个月的训练。我和朋友露西只在一起参加过两次户外活动。我选了她作为搭档，是因为她妈妈的花园后就是一条河，我们能够把借来的皮划艇放在那里。我选她当然不是因为她有男性化的强壮肩膀，而是觉得她适合皮划艇运动！不过话说回来，她对我大概也是这么个看法！但我们都渴望着在比赛中做到最好。天气条件糟糕透顶，赛前聊天让我感觉更加紧张，“低温症……雪……洪水……有史以来最糟的天气条件……很危险……几个月的训练……”

“船上的冰闪闪发光，夜还很长。但它也是一次美妙的体验，午夜安静地划船穿过城镇也是美好的回忆。”

我们穿过起跑线时，一位司仪指出我把桨拿倒了。人们都在笑我戴着黄色洗碗手套而不是标准的皮划艇运动手套。我们借来的皮划艇很重，并且已经开始漏水。但太阳在照耀，事情看起来大有希望。运河美丽而平静。然而，很快风变强了，夜幕降临，雪开始平着迎面飞扑而来，125英里开始听起来像一段颇为漫长的航程。

我们在瑰丽的逾越节①满月下整夜划船。比赛途中，你得77次抬起船走陆路避开运河水闸，其中一次要走上1英里远。我享受头几次伸展双腿的机会，因为我不习惯把脚塞在皮划艇里。但这样的水陆转运很快就失去了它们的魅力。

船上的冰闪闪发光，夜还很长。但它也是一次美妙的体验，午夜安静地划船穿过城镇也是美好的回忆。响亮的音乐从夜店传来（“现在没有什么阻止我们……”），一个酒吧里的电视正放着板球比赛，有人正在跑垒。我们缓慢而无声地穿过寒冷的月夜，灯火通明的列车在身边轰隆隆地飞驰。

破晓时分我们抵达了泰晤士河。我们已经非常疲劳，但还有70多英里的河流等待着我们。我学到了一课：不要低估我们安静的老运河……

可供探索的美丽运河

- 庞特斯沃泰水道桥与运河——可能是英国唯一能导致严重眩晕的运河！
- 喀里多尼亚运河。
- 利兹–利物浦运河（加格雷夫一带风景格外优美）。
- 伯明翰到奥尔夫彻奇的运河。
- 哈顿多级船闸（The Hatton Lock Flight）。
- 蒙茅斯郡布雷肯运河。
- 诺福克郡的布罗兹湿地（The Norfolk Broads）——不是标准的运河，但也一样很漂亮啊。

迪韦齐斯到威斯敏斯特皮划艇赛在每个复活节周末举办，每年元旦在www.dwrace.org.uk上开始报名。

① 逾越节：犹太教传统节日，用于纪念上帝选召摩西带领以色列人逃离埃及人奴役，逾越节时间遵循犹太历法，一般在每年的3—4月。

26 即兴逃出办公室

我很忙。这句话是我们这个时代的诅咒。当然，我们都很忙，但这句话被当作一种夸耀，忙碌被当作一个荣誉勋章。

所需时间：	过夜
困难程度：	容易
地　　点：	本地
交通方式：	骑自行车
更多信息：	请扫码看视频

“我很忙！我有300封电子邮件！快佩服我！”忙，忙，忙，总是该死地忙。忙让我们很难找出时间去冒险，很难为自己和为荒野里的一点休闲找到时间。

这就是为什么忙碌的人需要微冒险来避免冒险的益处被忙碌挤走。忙，让微冒险变得更必不可少。我坚决认为冒险决不能变成自己生命的边缘部分。它不应该变成偶尔为之的趣事，像打一场网球或者看一场马戏。不，冒险于我比那更重要。

然而，不管是不是冒险的福音传播者，我现在还是太忙了。我有飞机要赶，有账单要付，所以我要让这次微冒险保持简短，仅仅是趁机逃离我的书桌一小会儿。

英国已经远离太阳。冬季，白天短暂而寒冷，人们待在室内，或者裹上温暖的外套，手揣在口袋里，眼睛看着地面匆匆地回家。这不是一个出门跟自然重新建立联系的季节，但我在下午3点关上了电脑。就像很多自由职业者，我会沉迷于工作，很难停下来。这很愚蠢，我知道，特别是我“工作”的精髓是寻求冒险并鼓励人们重新调整他们的工作生活平衡，让平衡向冒险以及伟大的户外活动倾斜。照我说的做，大家，别照我做的做！

总之，我早早关上了电脑，背起背包，转动钥匙锁上门。我推着自行车到街上时，车把感觉冷冰冰的。我戴上手套穿上厚厚的外套。太阳已经很低了，它那微弱的温暖幻觉也已消退。这会是漫长而寒冷的一夜。

英国的市镇中心是如此的单调而统一。只有当你离开市镇，才会看到跟国内的商业大街不太一样的东西，才会看到一点原创性的东西。我花了太多时间缓缓地绕着这些熟悉的领域运行。要逃离熟悉和日常的牵引力很难。我常常就像一个电子，如果我能成功逃逸，我就会带着嗞嗞作响的能量冲出去。我在冬季的落日下骑车离开城镇，除了在湿地的沙滩上睡一夜外，没有其他更明智的打算。这令人兴奋，这感觉是一个释放，这感觉几乎有点淘气。

我向东离开城镇，经过去学校的妈妈们和买啤酒的流浪汉，经过报摊和薯条店，经过小工业园，来到风呼呼刮着的湿地。我并不熟悉镇外的这片地方。

小车经过我的身边，后视镜上挂着松木香的空气清新剂，它们的乘客裹得暖暖的。外面寒冷而美丽，风从真正的树间吹来，推搡着我。低垂的太阳照着冬季的作物。它们在风中摇曳着，每一根草秆都笼罩在一圈单薄的光晕里，被美丽的逆光描绘出清晰的形象。最短暂的暮光过后，太阳不见了，天黑下来。黑暗感觉上更加寒冷。

我到达了海岸，来伦敦东面的这片低洼的土地。这是片什么都没有的土地，一片无人知道的地方，一半是土地，一半是水，一

半是海，一半是河口。不是市镇，不是乡村。但海滩有挡风的地方，上面布满鹅卵石和海贝。这会是过夜的舒适床铺。

我坐在海堤上晃着脚，一边吃着炸鱼薯条一边眺望河口。两个男人遛着狗经过我身边，他们的狗跳着朝我嘶吼，但两个男人更友好一些。其中一个胖胖的，穿着被圆圆的肚腩绷紧的长袖运动衫。另一个男人年纪比较大，身材瘦削，穿着皮衣，脖子上有文身，耳朵上挂着的耳环被左侧的天然气厂的灯光映得闪闪发亮。

他们停下来问我在干什么。有时不解释会更简单，不用去讨论野心与缺少时间之间令人烦恼的冲突；不用去讨论烦躁不安与自以为是，或者生活转瞬即逝一事无成；不用去讨论花费太多时间在温暖贫乏的室内，没有足够时间到冬夜的原始鲜活中去。于是我只是说自己在看星星。

“今晚这里会很不错。”他们告诉我。我吃了一惊，本以为他们会觉得我是个怪人然后走开。

天空晴朗无云，适合观星。他们也想有时间的时候到这里来钓鱼，到那边的泥滩。他们会挖虫子做饵，然后站着钓上几小时，一直到深夜。只有他们俩，好朋友。他们喜欢到外面来。

“这就是好朋友做的事，对吧？”

我同意。

“几杯啤酒然后钓一晚上鱼。妙极了。”

毕竟，他们明白为什么我会在这里。

他们能看透坎维岛那些把泰晤士河北岸的天空染成橙色的丑陋灯光，他们能看透天然气厂奇怪的化合物臭味，看透头上盘旋着等候在伦敦不眠不休的机场里降落的飞机。他们喜欢这里，我也喜欢。他们明白我可能会一个人坐在这儿，抬头看着星空，吃着炸鱼薯条，四周又黑又冷。人们总能出乎你的意料，只要你给他们机会。我惊讶地发现这两位硬汉子充满了关于星星的问题。

“低垂的太阳照着冬季的作物。它们在风中摇曳着，每一根草秆都笼罩在一圈单薄的光晕里，被美丽的逆光描绘出清晰的形象。”

说实话，我所知不多，但我尽可能分享。我指给他们看怎么用星星找到北方（见244页）。用星星定位感觉就像与荒野和自然世界建立一个真正的联系，哪怕我正身处这个后工业化、几乎是末日后的庞大伦敦。我能想象里德利·沃克（拉塞尔·霍本所著的科幻小说人物。小说描绘浩劫后的英格兰）在这里找到家一般的感觉。

“看到那里的北斗七星了吗？”我一边问，手一边指着，“它看起来就像一个平底锅。”他们跟着我手指的方向，好奇地看着，很快找到我描述的样子。“顺着平底锅前面的线，大概‘两个锅长’的距离，下一颗你看到的明星就是北辰——北极星。”

他们看起来很高兴。

“它就在北极，”我说，“我想有一天能去那里。”

他们向我道了晚安，扯着手上的狗绳走开了。他们仰头喝光手上的啤酒，好像又一次抬头看看我们头上的星星，把空啤酒罐丢到海滩上。然后就只剩下我和夜晚还有湿地。

这是狄更斯在150年前写过的湿地。在《远大前程》中皮普说：“我的家在乡间的沼泽地，旁边流淌着一条小河。这块沼泽地在河流拐弯的地方，两边是河，不到20英里外就是大海了。”

他描述的是我下午骑过的同一片土地，“幽暗的荒野上纵横交错着排水沟、土丘和闸门，散布着吃草的牛群……低处那一抹浅灰色的线条便是河流了……在更远处，那一派蛮荒景象的洞穴，风从那里吹来的地方，便是海洋。”

这个150年前听起来偏远的肯特郡现在离伦敦市中心不过20分钟车程，当你坐在到巴黎的快速火车中，会经过这些不可爱但令人动情的湿地。这里就是“废船”——那些旧监狱船停泊的地方。马格维奇就是从这种监狱里逃出来去吓唬可怜的皮普。我意识到想起逃犯并不利于在海滩上安安静静地睡一晚！所以我在卵石上生起一小堆火，在温暖和光明中躲避黑夜和我的想象。我在火边温暖双手，火星在旁边飞舞。

到了白天，夜晚已过去，世界再次变得无害。我原计划要去游泳，但潮水退得太远，我几乎无法看到海，更别提到海里游泳了。原来是海的地方现在只是数英里的淤泥，上面覆盖着细小水道连成的网，倒映着天空的灰与蓝，仿佛一半是水，一半是天空。唯一的声音是杓鹬独特的反复鸣叫。

我把睡袋塞回包里，捡起几个被丢弃的啤酒罐再骑车回家，正好赶上洗个澡，吃个早饭然后在我的书桌前开始另一天。

去吧！去试试！去尝试一次工作日的微冒险。可能的话，早一点下班，骑车到乡间去，然后在星空下度过一晚。在温暖的睡袋里看着太阳升起，然后骑车回去上班。如果你不准时上班也行，那就再待久一点。你可能会迟到一小时，身上有点臭，但我觉得那只是个小小的代价。工作日微冒险能鼓舞精神，对灵魂有益，我肯定你回去后能做出更高质量的工作，要弥补损失的那几个小时绰绰有余。

冬季使用露营袋的保暖建议

- 留在低处——在你爬山的时候，每爬升100米四周的气温就会下降大约1摄氏度。但也要避开谷底，因为冷空气会在那里聚集。
- 避风——找一个挡风的位置睡觉会让你更加暖和。
- 就算睡觉时也要戴上绒线帽。
- 不要穿着湿衣服睡觉。
- 穿多层宽松衣物。
- 习惯睡袋的“头罩”以及把拉绳收紧到只剩一个小呼吸孔的幽闭感。
- 睡前吃好。一顿油腻的热和饭菜会用很长时间消化，能帮助你整夜保持温暖。
- 趁着身上暖和时睡。睡袋会帮你保存热量——它并不会让你变得温暖。这意味着你可能要做一轮开合跳或者俯卧撑再爬进睡袋，或者爬进睡袋以后马上做仰卧起坐。
- 如果你有野营炉就用它来烧一瓶热水，确保瓶盖盖紧并且不太烫。

27 荒野冒险

所需时间：	超过两天
困难程度：	挺难
地　　点：	苏格兰西北部
交通方式：	步行
额外装备：	你冒险期间所需的全部食物
更多信息：	请扫码看视频

风景变得更加壮观，也更加美丽。我已经向北开了几小时车，终于到达了路尽头的马莱格。我抢在其他车前面把租来的车停好，不到一分钟就跳上了一艘小渡轮。是时候要慢下来了。

我要去诺伊德特半岛寻找一些正经的荒野。本书希望能强调即使是荒野的错觉，即使是那些挤在你所在市镇中被遗忘的小块荒地也能让你心旷神怡，但正经的荒野仍有额外的特别之处。诺伊德特半岛因偏远而闻名，至少以过度拥挤的英国本岛为标准来说是这样的。到达那里的唯一途径是乘坐渡轮或者徒步一两天穿越崎岖不平的乡野。

我没有特别的理由到诺伊德特半岛来，没有标记任何特定的挑战，也没有想征服哪座山。我只是想比平常感觉更与世隔绝一点。说真的，登上渡轮的时候，我还不太有头绪，我并不习惯没有计划。我在渡轮停靠的小村庄因弗内游荡。空气里充满了割下来的草和木材防腐油的气味。我希望这意味着迟迟不到的春天终于来了。我错得多厉害啊。

黄色的荆豆花散发着椰子日晒油的味道。我沿着海岸继续走，脚下踩着鹅卵石，呼吸着海风，经过因为萌发出柔软新叶而色彩变得明亮的山毛榉。我通常不会闲逛，也没有付出足够的时间观察和拥抱细节——我极不擅长放松——所以我有意地逼自己慢下来。可惜的是，要离家旅行数百英里并乘船到一个没有路或手机信号的地方我才能放松下来。但风铃草在微风中摇曳，我花了点时间照一张照片，试了好几种不同的设置来捕捉它们蓝色的虚像。我蹲下来仔细观察。黄色的报春花开在风铃草下，躲避着风。它们在害羞地颤抖。

我打开地图思考计划，研究等高线，想象着山谷和斜坡，试着在努力与享乐之间找一个平衡。我一次又一次改变主意，尽管不管怎么选都是对的，因为那根本不重要。

“我打开地图思考计划，研究等高线，想象着山谷和斜坡，试着在努力与享乐之间找一个平衡。”

是时候动身去爬上那些山了。我步行穿过树林，走上一条崎岖小径，路旁是长满苔藓的干石墙。我现在到了更高处，来到了高沼地，与赤鹿和一只孤独的布谷鸟分享夜晚。晚些时候，我走进了峡谷。现在，两旁升起的陡峭山崖让我感到自己的渺小。我享受着这熟悉的贪婪感觉，想着自己今晚也许是这一圈山丘中间唯一的人类。

在开始感到疲劳的时候，我登上了一座小丘。下方是一个小湖，我没有浪费时间，马上向下走到湖岸边，找了一处平坦的草地过夜。

天气看来很可能要变坏，于是我在露营袋上方拉了一块防水帆布。谢天谢地我这么做了。我刚缩到帆布下，天就像裂开了一样，一场冰雹重重地打在帆布上。雹暴刮了一整晚。风非常的狂暴，一尺高的浪头撞击在湖岸上。防水帆布在我头顶上猛烈摆动，猎猎作响。我缩在睡袋的最底层，等待着白天到来。

我不知道为什么自己这么期待白天，因

“现在，两旁升起的陡峭山崖让我感到自己的渺小。我享受着这熟悉的贪婪感觉，想着自己今晚也许是这一圈山丘中间唯一的人类。”

为白天到来意味着我要离开潮湿但温暖的睡袋，到外面潮湿而寒冷的世界中去。水在我身下泛滥。我浑身湿透，尽可能拖延时间，希望天气会改变。天气没有变。雪在山顶越积越厚。我装备充足，但这个装备充足是对5月的苏格兰而言的，不是对西伯利亚级的末日灾难！我打包好装备，在雨里愁眉苦脸，准备出发爬上山口。

这并不是一次特别愉悦的攀登。我低着头向前跋涉，一步又一步，但山口另一边的景色让我感激诺伊德特半岛的偏远。英国难得有一个山顶看不到市镇或者道路，黄色和黑色的山峰绵延不断，装点着昨夜的雪，看起来无比壮观。

在山上，我向狂风大雪认输了。我不开心。我决定放弃。

很难解释决定是要坚持还是放弃的心路历程。我唯一确定的事是旅程前、旅程中和旅程后做出决定的理由都很不一样。现在感觉很重要的理由在迟些回顾的时候会显得没那么重要。

在更大的探险里，我曾用更简单、固执的方式绕开这个难题：放弃从来不是一个选项。不用讨论了。放弃绝对是个可憎的想法。我当然也考虑过——我经常都那样！但我从来不允许自己屈服。我似乎花费了人生中的许多时间固执前行，希望有一天能收获一种回顾时的愉悦。这被称为Ⅱ型乐趣。按

照这套理论，任何苦难都是可以接受的，我应寄希望于在不确定的未来不确定的某一刻，我会回望此时，庆幸自己坚持了下来。

“我似乎花费了人生中的许多时间固执前行，希望有一天能收获一种回顾时的愉悦。这被称为Ⅱ型乐趣。”

也许这就是为什么放弃这个狂风大作浑身湿透的微冒险会给我一种额外的愉悦。在我大旅行的思维里，我会逼迫自己在山上坚持下来，不管体验有多凄惨。而现在，这让我掉头逃回山下因弗内的酒馆显得更加美好！所以我撤退了，一败涂地但满心欢喜。

在另一次微冒险里我拜访了英国最北方的酒馆（见173~181页）。而在这里，受到重创变得像落汤鸡般的我跑到了“英国本岛最偏僻的酒馆”——老福吉客栈（the Old Forge Inn）避难。窗外的海湾正在豪雨的间隙闪闪发光。天气中不变的只有从山上刮来的冰冷而狂暴的风。海湾另一头的山现在只是一些剪影，仅能以深浅不同的灰色相互区别。

小酒馆的名片宣称“徒步者、流浪者、狗、小孩、无政府主义者、音乐家”都欢迎光临。墙上挂着出售的T恤衫（“爬一座山，来一杯啤酒”）和一把吉他、一把小提琴和一个绵羊头。壁炉用深色的巨大石方砌成，顶上是用一块疙疙瘩瘩的熏黑的原木作为炉壁横梁。我的脸颊发热，眼睛刺痛，一边脱下我的靴子一边坐到椅子上。能逃离那可悲的该死的登山旅程真是太好了，能坐在一个小酒馆里感觉真是太好了！

你可以从酒馆往外走50英里而见不到一条公路。以英国的标准这是一片宽广得异乎寻常的史诗般的荒野，绝对值得一游，哪怕是像我这样旅途收获跟史诗挨不上边的人。

其他可供探索的偏远地区

- 苏格兰高地的拉斯角。
- 斯凯岛的科鲁什克湖。
- 坎布里亚郡的沃斯代尔。
- 约克郡东部的斯珀恩角。
- 显然，网格坐标NHO2O2O是英国本土最与世隔绝的地点，离任何公路的距离都最远。

28 搭建小屋

所需时间：	一天
困难程度：	困难
地　　点：	本地
额外装备：	锯、绳子
更多信息：	请扫码看视频

没有什么能胜过陌生人邮件里一个绝妙的想法，我收到过最好的一个主意来自格拉斯哥的凯文。他邀请我去帮他用自然材料建造一座小屋，然后在里面睡觉。“如果你打算建一座绝妙的野外小屋，我很乐意收到你的回信。”凯文正慢慢实现着他在苏格兰各地建造100座不同的野外小屋的计划。我对这样的事情一点都不擅长，但它听起来很有趣，于是我说“好吧”。

凯文负责安排这次微冒险的所有后勤工作。所以，当他在珀斯外的一个停车场从后备厢里把袋子拽出来时，我很高兴看到在锯子和睡袋中间还有一大袋香肠。我们一行有4个人。凯文带上他的朋友里奇来帮忙，而我叫来了我的朋友马可。我们接下来有很多工作要做，所以人手多能帮上忙。我们开始登

山，山丘将要成为我们夜晚的家。这是一个寒冷灰暗的3月午后，山上除了我们以外只有遛狗的人和几个散步的老人。

我们经过一堆让人毛骨悚然的残骸，那是一群快要融掉的雪人。天气很冷，小片的积雪和孩子们的秘密小窝散落在地上。木棍金字塔没什么技术含量，但建起来一定很有趣。我的微冒险很多感觉都像是在玩耍。我花了一段时间才不再烦恼这个问题，不会总感觉想要辩护什么或害怕自己在浪费时间。孩子玩耍，因为玩耍是有趣的消遣，同时他们也在学习和发展。这对于大人也是好事。我们4个大孩子就在去建筑秘密小窝的路上。

我们从树林里出来，爬到一座坍塌的塔旁边高高的悬崖上。景色无与伦比：在我们的左边，泰河平静地向大海流去，而在我们的右边是珀斯市。在我们的正下方是机动车道。一年前的一个周日早晨，宿醉的我曾经叫了辆出租车走那条路，从朋友的婚礼上回家。我记得自己看着这个陡峭的山丘，看着那座塔，想着真是座不错的山啊，有一天能去爬一爬就好了。

苏格兰冬季的白天很短，所以时间至关重要。我们在林中散开寻找适合建屋的木头。我们不想破坏树木，所以只用死去、倒下的树木。我们收集纤细结实的长树枝——10英尺长、我们手腕那么粗的最为理想——它们会组成小屋的框架。

我们的计划是分别造4张床，床上方带有金字塔形的三面屋顶。我们把树枝锯到合适的长度，用轻薄的园艺绳扎起来。这些可生物降解的绳子是结构里唯一的人造材料；它们不是很强韧，但凯文向我保证它们原定就没有加强结构强度的作用。绳子只是会暂时把接口绑到一起，直到另一条木头把它们楔住。确实，到了任务的最后所有东西都紧紧地融合到一起，小屋结实得不得了。

屋顶的框架完成后，我们造了床的框架，然后在上面放上小树枝。晚一些我们会用成抱的干草让它变得更舒适。但是，我们犯了唯一的错误，到发现时已经太晚了。装上屋顶后我们发现床有点短。

接下来我们开始安装屋顶的嵌板。能和比我更熟练、更有耐心也更有想象力的人一起建造这座小屋对我来说是个有趣的学习体验。首先我们将树枝绑在一起做成一个三角形框架，再盖上木条格子。我们在上面堆上18英寸厚的欧洲蕨和枯叶，然后用另一个三角形框架压上去。我想这个的专有名词是“奶酪三明治式屋顶嵌板”。我们重复这个过程三遍。每一块嵌板都很重，需要3个人把它们举起来装好。

“我们开始登山，山丘将要成为我们夜晚的家。这是一个寒冷灰暗的3月午后，山上除了我们以外只有遛狗的人和几个散步的老人。”

开始下雨了，还可能有冻雨来临，但我们继续工作。黄昏很快来临，市镇的灯火闪耀着，穿透渐浓的夜色。景色看起来十分美丽，但我庆幸自己身处山顶，远离高峰的车流，并得到片刻空闲。

我喜欢在房屋密集的地区附近进行微冒险。它们证明了你不需要离开市镇远游就能找到一些新奇的、不一样的事物。当夜幕降临、人们归家，我们也在野外建起了自己的家。

里奇开始生火。火焰带来温暖和明艳的

色彩，很快香肠的香味便弥漫在空气中。围在火边和有趣的人分享温暖、光明和食物是我从不厌倦的事。我们离城市很近，但又远得能感觉到雪和雨的冰冷。我们能否拥有一个温暖舒心的夜晚将完全取决于自己的努力和技能。我喜欢这一点。

我们用了10小时建起小屋。我们甚至不会在里面睡那么久，但那不是重点。测试小屋的时间到了。我们自己做好的床，现在就得自己睡上去了。大家开始哼哼哧哧地蠕动着爬进睡袋，躺在位于高高山顶上的自制小屋里。床出奇地坚固和舒适，只要你别时不时被尖锐的枝条刺到背上。人人都在不断地哼唧呻吟抱怨说床太小了。而且作为团队里的英格兰人的代表，我被大家群起指控为最爱抱怨的人。我激烈地否定这个指控，不过心里却有些怀疑指控里可能有那么一点真实的成分。（但我绝对是分到最短的床了……）至少缩进睡袋的蠕动温暖了我们，那是我当年最惬意的睡眠之一。

我从这个体验中获得了什么？我造访了一个新的地方。我遇见有趣的人。我做了一件从来没有做过的事情。我学到新的技能。而这很有趣。（我尽量不低估趣味的重要性。）这也是一个很好的提醒，提醒我们努力工作、制造值得自己自豪的事物是一个让人满足的成就。很多时候，我是个仓促草率的人，匆忙而又缺乏耐心。我喜欢建造这个小屋，花费时间在树林中漫步，放松思绪，努力工作，并从生活中逃离一小会儿。

其他可以尝试建造的东西：

- 一艘小圆舟
- 一个比萨烤炉
- 一座写作小屋
- 一座树屋
- 一艘桦皮艇

29 轮胎漂流

威尔士西部的GT 轮胎店并不是一个冒险活动中心。在那个下午，我们也确实遇上了一些近乎幽默的怀疑。

所需时间：	几小时到几天
困难程度：	中等
地　　点：	深度足以漂流的河流
交通方式：	拖拉机轮胎的内胎
额外装备：	桨
更多信息：	请扫码看视频

角落里有一大堆旧轮胎，乱七八糟地一直堆到天花板。油漆正从墙壁上剥落，松动的线路从插座上垂下来。一条下垂的横幅吹嘘说玛吉斯M-36轮胎是"非对称花纹系列的前沿产品"。我意识到自己以前从来没有去过轮胎店。这是不是在承认自己不像应有的那么有男子汉气概呢?

在那里的工作人员听说我们要买4个拖拉机轮胎的内胎，全都笑了起来，但也照样乐呵呵地给我们充上气。用50英镑买4个内胎相对于探险用船来说还算是省钱的（想想皮划艇，想想小艇、游艇，还有戈登·特雷西的潜水艇……）。他们觉得我们是傻子。而令我吃惊的是他们被轮胎内胎包围着，就在河的旁边工作，却不曾出航。

一家人来到了河边看我们出发。孩子们静静地站着，盯着我们看。我们爬到内胎上，一边向他们尽可能英雄式地招手，一边滑进水流中。河流之旅的一个便利之处是，它可以让你比在自行车上或者摔个仰面朝天

时承受更多撞击。我们拖着必不可少的野营装备、食品、铸铁锅和酒。它们全都用防水包打包好了，但得等旅程开始我们才能知道它们会不会浮在水面上。我们都松了一口气，袋子没有沉下去。

一头扎进未知是令人兴奋的：所有的伟大的冒险都以不确定性为作料。这同样适用于在一个威尔士小镇的河流中度过一个安静的星期三下午。我们漂流出镇，花了点时间来适应如此缓慢的移动。过了大概半小时，我们仍然可以看到启程的地点。旅行有一条好原则，就是你的旅程越缓慢，体验就会越丰富。我们慢慢地漂流，或者懒洋洋地拨着水，时而聚在一起，时而又排成一列，或者完全散开，就犹如浮云般孤独。

水是棕色的，十分混浊。浓密的绿树悬于河岸之上。这几乎就像一次亚马孙河旅行。 我环顾四周，心满意足。亚历克斯在轻轻划桨，鲁本头枕在交叠的双手上坐着，正是一副离开办公室后心满意足的男人会有的模样。埃德选择了戴脚蹼而不是桨，他在欢快地踢着水，兴冲冲地冲在其他人前头，像浴盆里的学步小儿一样把水溅得到处都是。

这个旅程及不上亚马孙之旅的规模，我们只需通过数英里就能到达河口和海滩。经过几个长的拐弯，河道开始变宽。系泊浮筒在柔和的水流中起伏，我们经过一艘小红船“搜寻者号”和一艘蓝色的船，船上有一位

“一头扎进未知是令人兴奋的：所有的伟大的冒险都以不确定性为作料。这同样适用于在一个威尔士小镇的河流中度过一个安静的星期三下午。”

老人正在工作。

“这可是挺省钱的旅游方式啊。”他喊道，带着恼怒语气——是那种明明拥有了船，比起实际出海却是在修船上花费了更多时间和金钱的男人才会有的恼怒语气。

我们经过几间房子，他们的花园一直延伸到河岸。我很乐意住在河边。我发现自己到了一个羡慕别人拥有小屋的人生阶段。一座朝向河流的蓝色小屋，窗户映着河水。它是一件美好的事物。我沉思着，自己如果住在这里……如果我拥有那个人的小屋……我所有的问题都将得到解决。我会在小屋里写出伟大的著作。我会每天在这条河里游泳。我会成为一个更好的人，活得更高效，最终获得满足……

我几乎每一次旅行都会有类似的想法。在诺伊德特半岛上，我想要得到一座小别墅；在史特拉斯佩弗时，我想要更好的自行车；在德文郡，我想要一个农场；在托里登，我想要一家小餐馆；我想在设得兰群岛谋得一份邮递员的平和工作。但我也知道，当我远

在海外进行大型探险时，我也向往着自己已有的家；我向往着回家，我发誓这一次我一定会写些好书，做一个更好、更高效、更满足的人……

而这就是人类的本性，我意识到如果小屋里的人从他伟大的小说的手稿中抬起头，看到4个白痴抱着拖拉机内胎漂过，那么他可能会忌妒我们，盼望自己正亲身参加这次冒险。

于是，我转身离开小屋，离开所有它可能代表或不代表的一切。相反，我眺望前方，顺流而下。我喜欢顺水漂流，懒洋洋地半躺着，就像舒服地躺在一个懒人沙发上。河面在变宽，景色在眼前展开。河的两边都是低矮的山丘，绿色的田野点缀在一片片黄色的荆豆花之间。这些山丘围成了将我们冲向大海的山谷。河口很宽，潮水正坚定地退去。水流非常快，我们随着它愉快地起伏。随着水位下降，沙洲在河中出现。现在我们的路线更多地取决于水流，而不是自己的航行技术。我们中间3个人从同一边绕过沙洲，剩下的一个人漂去另一边，但无论如何，我们都被水流卷着，绕过一个巨大的左转弯漂向大海。现在海天一色，我们身居其下。天空比往常被树木、建筑和山丘蚕食的样子更为宽广。

涡流将我们轻轻地推向海滩。我们经过小渔船，开始在懒洋洋的海浪推动下在它们

的停泊处来回摇摆。河水开始倒流。我们到达得正是时候。我们大声谈笑，为旅程如此顺利，为我们及时抵达海滩而开怀。

天气也变了一点。我们启程时湛蓝的天空变得阴暗低沉，变成我们更熟悉的威尔士灰。我们背着行李和笨重的内胎走上了刮着大风的海滩，在沙丘中间找了一个避风处扎营。荆豆花围绕在我们四周，灰绿色的沙丘草不安地在风中簌簌发抖。

我们换了身衣服，散开去收集柴火。回来时大家都抱了满怀被海水冲刷平滑的浮木。鲁本赤脚穿着牛仔裤和黑色连帽衫，开始生起我们煮食用的火堆。亚历克斯最后回来，慢腾腾地拖着一块巨大的木头走到沙丘中间。他咧嘴笑着，开心得就像一个知道自己已经找到了最大的一块木柴的人。

内胎魔术一般从美妙的水上交通工具转变成了美妙的单人沙发。轻松愉快的气氛洋溢在四周。我们掏出了4个搪瓷杯子，打开一瓶红酒（当然是为烹饪而带的啦），为史诗般的河流之旅干杯。

还有，如果你觉得自己得有个拖拉机内胎和一条河才能和朋友享受这样的一个夜晚，那下一章就是任何人在任何时候都能做的……

30 野外用餐

工作日：老一套的朝九晚五辛苦工作。工作，睡眠，工作，慢慢地工作到周末。但即使是有着正当的工作和充足睡眠的明智的人也会争取给每周塞进一点乐趣。

所需时间：	过夜
困难程度：	中等——需要提前做点计划
地　　点：	本地
额外装备：	好食物和好朋友
更多信息：	请扫码看视频

几个朋友在某人家聚会或是去餐厅吃饭，或者去酒馆吃点东西喝几杯酒之后东拉西扯。如果这是你喜欢的愉快夜晚，那这里就有一个工作日微冒险交际的建议。

生活在大城市有些奇怪的方面需要花点时间来适应。比如你的朋友都住在城市另一边的话，去见他们感觉会很麻烦。再加上繁忙的日程，还有男性一般不太擅长保持联系，我和朋友们可能会隔几个月才能齐聚一回。因此，我们选了一天，下班后从4个不同的地方出发，相约去列车线路末端的乡村小酒馆碰头。

这是一个温和的傍晚，时间大约是6点半，我们等待着酒保注意到酒馆里不再只有他一个人。落座的时候，4品脱刚打出来的本地啤酒放在我们面前，轻松的气氛显而易见。我们都很兴奋，感觉到城市生活的重担从肩上卸了下来。啤酒并没有维持多久——第一轮啤酒总是如此——我们走到外面，离

开村庄，爬到一座小山上。我们都饿了。

“天光渐暗，我们的晚餐在火上冒着泡泡。山毛榉弯曲的枝干笼罩在我们营地的上方。”

每次逃出城外，我都会被乡村的宁静和美丽触动。我总会发誓要多做这样的事。但当身处城市之中，我发现自己很难想象在任何一个给定的方向最终都会有乡村和山顶，有峨参和牛粪，甚至还有奶牛。城市似乎是一个难以逃离的存在。如果有一个实际存在的边境可以穿越，如果有一条清晰的界线要花点工夫跨过，那感觉更为恰当。一边是城市，另一边是农村——一个异国般的地方，两个地方做事情的方式不同。也许逃离城市就该像感觉上那么难，我们得付出努力，花费工夫在文书上，或者至少要有适当的装备和深思熟虑的计划。换句话说，当我身处城市之中，逃离城市似乎应该更困难，而不仅仅是跳上下午5点一刻的火车，跟朋友碰头简单地喝个啤酒，然后闲逛到草坡上，身上还穿着白天开了一整天会时的同一套衣服。

我因为知道自己很快会出城而更享受这些会议。我很喜欢在会议最后几分钟的闲聊里有人问：“今晚有什么计划吗？”我喜欢回答：“哦，我跟几个朋友吃顿饭——在一个山顶上。”然后观察其他人脸上可笑、惊讶、羡慕——有时候是某种跟羡慕相反——的表情。

这些表情让我确信一点点温和的疯狂和颠覆性是我最喜欢微冒险的其中一个方面。

上山上到大约2/3时，我们停下来转过身。滑翔伞在我们头上盘旋飞舞，最大限度地利用傍晚有利的上升暖气流。在下方的山谷里，一列火车沿着我们来时的路缓缓前进。最近油菜田开花了，炫目的黄色方块镶嵌在翠绿的田野里，一直绵延向天边。田野中间有小小的村庄和教堂尖顶。很难想象在远方的某处，还有一个巨大的城市存在。

我们转身继续爬山。我们不着急，一路上说说笑笑。但即使是这样，没用多久我们就来到了将要在里面过夜的小灌木林。我们把收集来的木柴分成3堆：小的细枝用来做引火物，树枝（大多是老一点的枝条）用来把火烧旺，而一堆大块的木头用来过夜的时候烧。炽热的火焰很快就开心地跳动起来。太阳现在已经落到了小山背后，把我们小小的营地笼罩在阴影里。

我把手伸进包里，把东西都掏了出来。通常食物在我外出过夜的清单里优先度很低。视具体情况，我要么带点基本的露营食品，要么出门前吃点东西，或者就凑合吃个三明治和一个压扁的猪肉馅饼。但今晚的一切都是关于吃的。篝火、山顶、啤酒，还有红酒。

我从包里拿出一口旧锅子。锅子凹凸不平，被篝火熏得焦黑。然后我掏出了一把没包装的青菜，一个压得有点变形的硬皮面包，一些炖煮用的牛排和一瓶红酒。最后拿出来的是今晚的至高荣耀：装在8品脱酒壶里的麦芽酒。

好的炖菜最棒的一点是准备起来简单。除了把所有的东西切块丢进锅里，再倒上半瓶红酒然后架到火上以外真的没什么可做了。我们又给自己倒了一杯啤酒，坐下来等食物炖熟。你能忍受的等待时间越长，炖菜就越好吃。

天光渐暗，我们的晚餐在火上冒着泡泡。山毛榉弯曲的枝干笼罩在我们营地的上方。我伸手触摸到黏糊糊的叶芽——叶子已经开始舒展开了。漫长灰暗的冬天几乎就要被我们抛在身后。新叶是淡绿色的，纤薄、柔软而细腻。我们头上的大多数枝条仍是光秃秃的，黑色的树枝将天空分割成暗蓝色的马赛克。当温柔的微风拂过树枝，每一片马赛克都微微地变幻着形状，但彼此之间仍然完美地契合在一起。

天色变得更黑，火光开始照耀在我们脸上。我看到了头几颗星星。也许它们出来已经有一会儿了，但直到现在我才足够安静和警觉，能够注意到它们。有人给火里添上更多木柴，搅拌了一下炖菜，给大家满上啤酒。火里冒出来的烟弥漫开来，吞没了我。我双眼刺痛，得用力把它们闭起来，等待有风来把烟吹走。我喜欢木柴燃烧时的烟火味。这让我想起父亲的篝火和我在世界各地野外露宿的几百个夜晚。那是我一生中最美好的时光。而我喜欢的烟火气息到了第二天还在我衣服上萦绕不去。这是流浪者甜美的香水，它将与火车上通勤者的须后水以及装在聚苯乙烯杯子里的咖啡香气交织在一起，伴我回城。

又一轮啤酒。再搅拌一下炖菜。

“天色变得更黑，火光开始照耀在我们脸上。我看到了头几颗星星。也许它们出来已经有一会儿了，但直到现在我才足够安静和警觉，能够注意到它们。”

暮春的空气带着一丝寒意。我们添了木柴，让火烧得更旺。我们靠在大块的原木上，天南地北地胡扯，分享彼此的梦想。爱因斯坦说“创意是浪费掉的时间残余”，你的夜晚当然可以比跟朋友围坐在火堆旁更糟。

炖菜现在闻起来十分诱人。浓厚的泡沫已经冒到了锅边上，锅里的东西在火焰的爆裂声和余烬上跳动的红光中间温和地沸腾着。我注意到大家已经不说话了，我们只是盯着锅里的东西[尽管被紧紧盯着，锅里的东西还是烧开了（英语古谚“Watched pot never boils（被盯着看的壶永远不会开）”，寓意心急吃不了热豆腐。）]流口水。是时候吃饭了。

我们把搪瓷大碗放在膝上，撕开面包，吃着浓厚的炖菜，一边低声轻笑着，因为炖菜比我们吃过的任何食物都要美味。我们在一个山顶上，离城市的餐厅不过一小时的路程，但除了这里，我们哪儿都不想去。

我们都吃了两碗，就着剩下的面包把锅里碗里剩下的汤汁也一扫而光。然后就没什么好做了。我们在火堆旁躺下来，边聊天边把红酒和啤酒喝完。

时间并不晚，但因为我们生活在电灯照亮的人造世界，我们的身体往往会被黑暗迷惑。所以比起在山下现实世界的酒馆里，我们老早就觉得昏昏欲睡。我们把睡袋围在火旁。没什么比半夜在余烬柔和温暖的光芒边醒来更好的事了。

“炖菜现在闻起来十分诱人。浓厚的泡沫已经冒到了锅边上，锅里的东西在火焰的爆裂声和余烬上跳动的红光中间温和地沸腾着。”

我醒来时，好奇的绵羊在看着我们。它们在几米外站成一排。天上一片云都没有。这是一个完美、安静的清晨。羊群茫然地盯着我们。我想象它们在寻思：“你是谁啊，陌生的东西，这样躺在我们的田野里。我们的早晨每天如此，你却觉得是个新奇事情，是个特殊的大事件。你还觉得我们才是愚蠢的？”

我看着日出，而我的3个朋友在轻轻打着呼噜。鸟儿在放声歌唱，我觉得自己在这个钟点比在家时更清醒。我们要赶一列9点到达城里的火车，所以在某种意义上，这只是个正常的工作日而已。

我们和其他乘客之间唯一的区别是甜美的烟火气息，还有它萦绕不去的记忆。我希望在一两个小时后挤上拥挤的火车时，还会有一两个人嗅着我身上的气息羡慕不已。我想，那样的人也许会读这本书。

如果那个人是你，为什么不快点试试这个主意？说服你的朋友，约定下次大家去一个山顶上聚首。这没有什么特别的不同——你们会共度时光，吃好吃的，一起喝酒欢笑，然后第二天坐上你平常坐的火车投入工作中。没有什么特别的不同，但它又是如此不同，我敢打赌，你在一年以后仍然会谈论它。

用火礼仪见227页，篝火食谱见228~229页。

31 至日冒险

这可能是我全年在山上度过的最短、最简单的一夜。我在康沃尔郡度家庭假日，但仍然想在夏至的夜晚待在户外。

日出时间：	早上4点43分
日落时间：	晚上9点21分
月升时间：	傍晚7点05分
月落时间：	凌晨2点58分
月亮 96.3% 满	

我们就在海边，所以找个安静的露营点很简单。我看上了一座不错的小山，它离我们的餐桌只有15分钟路程。房子的窗户都开着，天气晴朗而温暖。我们吃了顿好的，傍晚渐渐平静下来。太阳已经下山了。我的妻子莎拉决定她也要一起去。我赶紧收拾一个小背包，带上过夜需要的所有东西，莎拉把几个枕头塞到一个柳条筐里，然后我们就出发了。

但天气突然间就崩了。令人恼火的英国天气啊，它是如此善变，你永远无法预测事情会变成什么样。但还是那句话，你不能让天气决定你要做什么。如果你非要等一个确定的好天气，那就永远没法在英国户外做任何事情了。你必须抓住机会。有些时候你会赢，有时候你不会。

头几滴雨落了下来。

我们没有赢。

我们抵达海岸的时候雨已经下个不停。这是温暖的夏至的雨，但它还是一场大雨，正从越来越黑的天空中落下。事情开始变得像个颇为糟糕的主意。事实上，如果不是夏至，我就回到屋里另找一天了。但我喜欢至日，所以非常希望能坚持下来。我给莎拉提供了各种无须内疚的放弃选项，让她有机会回到家里干爽的床上，也不用被我过分指责为一个胆小鬼。但她坚定地留下来，我们继续同行。

河口另一边有Take That模仿乐队的表演。乐声被倾盆大雨和距离略微削弱，我们听见他们在唱“今天有可能成为我们一生中最美妙的一天”。

这一点，我不得不承认，似乎不太可能。大雨倾盆，瓢泼而下。天像打翻了一般。

“简直像尿崩一样！”莎拉满怀深情、咬牙切齿地形容道。

我们现在到山顶上了。天很黑，雨下得格外的大。我尽快把睡袋塞进露营袋里，精神却还保持着近乎疯狂的热情。

“这不是很好玩吗？”我在倾盆大雨中满腔热情地高叫，心里却很清楚事实并非如此，“噢呵！”

我们钻进睡袋，躺在山顶略靠下的一个凹处。这样至少躲避了风。我们都没有说话。也没有什么好说的。我很想再重复一下自己那句：“这不是很好玩吗？噢呵！”但还是改变了主意。我们把温暖干爽的房子都甩在身后，在瓢泼大雨中躺在一处起伏不平的山坡上。

我们睡了一小会儿，但是醒来时我们身上都湿了。非常非常湿。而时间远还没到清晨呢。水像小溪一样在我们身上身下流过。如果你躺在河里，没有哪个露营袋能让你长时间保持干爽。因为自身的罪孽，我已经习惯了这样凄惨的夜晚，于是翻了个身继续睡。这时莎拉说："这是个糟糕的主意。我们回家吧！"我要是不同意可就太固执、太冷酷无情了。所以我们撤退了。

当时是午夜刚过一分钟。

"这是不是说，"莎拉乐观地问，"它还算一个微冒险？"

"毫无疑问这是一次愚蠢的经历，在一年中最短、最湿的夜晚待在山上。但在回头走向干爽的房子时，我还是感到一阵欢喜。"

毫无疑问这是一次愚蠢的经历，在一年中最短、最湿的夜晚待在山上。但在回头走向干爽的房子时，我还是感到一阵欢喜。我曾经跑过那座小山很多次，但从来没在黑暗中到山上去过。而在夜晚，一切都改变了：世界看起来很不一样，感觉更加野性。山下的村子里，还亮着灯的几间房子看起来就像海中的船舶。海本身就是一片黑暗虚空。当你在这样的夜里乘船出海，大海和天空会彼此融合。只有看到其他船只的灯光时，你才有了一点地平线的感觉，大概知道哪里是大海之终，天空之始。今晚也是这样，大雨倾盆而下，风刮得极猛。大潮被躲在云层后的满月驱动，奔涌向海滩。我们在阴冷而狂野的黑暗世界穿行。

房子的灯光更显得户外过夜是如此的奇异，如此的野性而美丽，也更凸显出仅仅是走出家门就能让人感觉如此不同。我抬手顺了顺湿得贴在头皮上的头发。我们快要回到村里了。虽然时间很晚，我们缺乏睡眠，虽然我的牛仔裤湿了个透，还有整件事都这么愚蠢，我还是很开心能在一年中最短的夜晚到户外去。

我选择把这个想法留在心里。

"房子的灯光更显得户外过夜是如此的奇异，如此的野性而美丽，也更凸显出仅仅是走出家门就能让人感觉如此不同。"

其他类似的主意

与众不同的月亮和重大节气值得期待，也值得为之计划一个微冒险。网上可以搜索它们的确切日期：

- 春分
- 夏至
- 秋分
- 冬至
- 收获月
- 超级月亮
- 蓝月
- 月食

32 从峰顶到海面

“从这里开始就都是下坡啦！”我喊道。我们环顾山顶四周，即将要从这里展开旅程。

所需时间：	过夜
困难程度：	中等
地　　点：	你住的郡县
交通方式：	步行或骑自行车

从一个高点开始冒险具有明显的吸引力。（就忘掉要怎么挣扎过才能爬到那个高点吧。）

我们的计划是从郡县的最高点旅行到最低点。它是制造随机旅程的另一个例子。你并不总是需要有一个合理的目的才能去冒险。随手发明一个目的来让自己出发就足以保证你拥有一次独特的经历了。

这个挑战会因为你所住的地方不同而有很大的差异。举个例子，如果你住在诺福克

郡，你只要爬103米到灯塔山峰顶上，然后往下冲不到1英里就到达大海了！（但要记住，如果你住在遥远的塞特福德，你光去灯塔山的环形路线就长达100英里啦。）如果你住在内陆的莱斯特郡，那你旅程的终点就不是大海，但你的旅程会从一个死火山峰顶开始。据说那里就是有人目击到英格兰最后一只熊的地方。

我们决定在坎布里亚郡进行这次旅程，从英格兰的最高点一路旅行到一处可爱的海滩。我们相约见面的酒吧会举办世界吹牛大赛（The World's Biggest Liar）（开始是为了纪念一个酒吧的房东。他吹的牛皮包括说当地萝卜能长很大，大得可以掏空来做牛棚）。我们喝完啤酒。我跟汤姆说自己曾经只用了33分钟就爬上了斯科费尔峰。然后我们就出发了。他知道我没说实话后多少松了一口气。事实上，我们花了一个半小时，悠然地登上了坎布里亚的最高峰。

我们满身是汗但很开心，深呼吸一口气开始欣赏眼前的风景。眼前什么也没有。什么都没有，除了云以外。但这没什么关系，我们都为爬一座大山兴奋得脸都红了。最后几个日间徒步者已经回头下山，把大山留给我们保管一夜。我们是英格兰位置最高的人了。山下有5500万英国的男男女女，但只有我们俩在今晚选择了抛弃自己的床铺，睡在英格兰的顶峰上。我们在一处石堆后避风，用汤姆那巧妙的啤酒罐炉在暮色里做饭。这个野营炉是简朴而又充满男子汉气概的极简主义杰作（想自己做一个的话见224页）。

过了一小会儿云就散开了。我们瞥见了四周的山脊，还有远处的一个小湖。然后这些又消失了。这样几乎更令人兴奋，云和风景在戏弄我们，让我们想要更多。我听着汤姆深入解读纳戈尔诺-卡拉巴赫争议，还有阿塞拜疆和亚美尼亚之间的关系，慢慢地睡着了……

仿佛是在惩罚我没听他说到1994年停火的细节就睡着了，汤姆一大清早就大喊“蓝天！”来吵醒我。

我急切地把头从睡袋里伸出来，刚好赶得上看见手帕大小的一块蓝天消失在漫天阴云当中。这是最后的蓝天了。我们没有得到一次特别的山顶日出作为回报，但能在英格兰最高峰顶上醒来仍然让人兴奋。我们开始前往大海的旅程。旅程肯定会很有趣：我们面前有将近1000米的落差要走呢！

“我们满身是汗但很开心，深呼吸一口气开始欣赏眼前的风景。眼前什么也没有。什么都没有，除了云以外。但这没什么关系，我们都为爬一座大山兴奋得脸都红了。”

我们漫步下山，背包因为装了一大袋峰顶上的垃圾而变重了一些。那些白痴都是什么人啊？爬了一座山，欣赏了它的美景，居然还觉得把薯片包装袋藏到石头下的行为是可以接受的？如果是你干的：住手！就算是香蕉皮和橙子皮也需要两年才能降解，所以麻烦你把那些也带走。（事实上，让我们开始一个非常简单的运动：从现在开始为所有人改善乡野的环境，不仅仅是不要在乡野留下垃圾，请积极参与多带走一点垃圾的挑战。）

我们回到了云层之下，整个英格兰在我们面前展开。我们俯瞰沃斯特湖——英格兰最深的湖泊，而再远几英里处我们已经看到了海岸。这不会是一段特别漫长的旅程，但它令人难忘。在山脚下，我们骑上自行车，将目标锁定为及时赶到海滩吃个早餐。

离开沃斯代尔的路很窄，路旁点缀着欧洲蕨。这样一条路必定是英格兰最美的路之一。它沿着沃斯特湖的湖岸延伸。沃斯特湖

看起来如此诱人，只有铁石心肠的人能抵抗住在英格兰最高峰脚下游泳的诱惑。不过，在这里游泳会是一次令人毛骨悚然的经历。你跳进冷水后不久，脚下的鹅卵石湖底会突然消失，你的脚下就是一片黑暗。这是一片清澈透明的黑暗，如果这种矛盾的修辞法说得通的话，因为水清新而透明，但湖底如此之深，连水都变得像黑曜石一样闪着乌黑的颜色。

路向西延伸到海边。我曾在湖区度过很多时光，但从来没走过这条狭窄而美丽的道路。这趟小小旅程的重点是它迫使我们去了一处新地方。对于汤姆，虽然他原本就住在这优美的环境里，但也承认自己很难逃脱自由职业者的工作上瘾症。这次微冒险是个不错的借口，能让他走出家门呼吸一些新鲜空气，给大脑一点休闲的时间。没有这个目标作为激励，那天我们谁也不敢从电脑前离开。

我们松开踏板溜完最后1英里，到达爱尔兰海和小村锡斯凯尔。那天清晨十分宁静，我们推着自行车走到木头建造的码头。潮水正低，退得离平坦的海滩有几百米远。一个男人沿着水位线遛狗。他是海滩上唯一的人。眼前平展的景色和吞食天空的陡峭山区如此不同，我都被触动了。那些紧密的村庄和高山垂直的线条就在我们身后，相距不过几小时路程。

为了能恰当地完成旅程，也因为野泳总是任何一个微冒险的良好补充，我们把自行车留在码头上，走下海滩，在核电站附近的海中尽情畅游。我们已经在早餐前从英国的最高峰抵达了大海，这是一个令人满意的一天的开始。

其他值得尝试的挑战

将一个通用的挑战应用到自己所在的郡县、省份、州或国家能开辟很多可能性。

- 郡县里最高的3座山峰。
- 英国第二高的3座山峰（这会比通常很拥挤的本尼维斯山、斯诺登峰和斯科费尔峰更加幽静）。之后你可以去第三高的3个山峰、第四高的3个山峰等。我不知道哪个级别会是最难爬或者最漂亮的，但它绝对不会有最热门路线上的人山人海。
- 为你所在的郡县创造一个山地自行车挑战，将受欢迎的越野自行车点用马道或小路连接起来。一个良好的环形路线有可能被确立为该县的一个挑战。
- 拜访你郡县的4个基本方向的极点，甚至可以拜访大不列颠岛4个基本方向的极点。

  北——邓尼特角
  南——利泽德角
  东——洛斯托夫特的内斯角
  西——克拉克莫尔
- 将本章节的挑战反过来进行——从海面到峰顶。
- 在秋分的年度低潮时到锡利群岛从一个岛走到另一个岛。

33 露营挑战

所需时间：	过夜
困难程度：	中等
地　　点：	本地
交通方式：	随你喜欢
更多信息：	请扫码看视频

对，书读得够多了——是时候行动了。

即使是女王，当她安坐在英国最大城市核心的宫殿里时，离一个不错的露营点（比如艾普森公地大池塘边的树林）也只需负重行走15英里。

在英国，每一个人生活的地方离一处翠绿、美丽、生机勃勃的场所，路程都不会超过几个小时。他们可以在这样的地点度过一个夜晚。那为什么不挑一个风和日丽的周末来试一试这个挑战呢？

以下是露营挑战的规则：

- 旅程的起点和终点必须是你的家门。
- 你必须不使用机动车完成至少30英里的环形旅程（或者是一段对你来说有点困难的距离）。
- 必须包括在外过一晚。
- 必须到一个你从没去过的地方，在户外睡一晚（不用帐篷）。
- 你必须露天游个泳。
- 规则是蠢人的教条，智者的向导。

必要装备：

睡袋。

露营袋（装备建议见210~212页）。

非必要装备：其他所有东西。这是我唯一会提供的框架或者说指导，其他就看你自己了！出门去试试看，然后到网上用话题标签#微冒险#分享你的经历。

34 环岛之旅

这是一次激发灵魂的冒险。从你的家扬帆启航，穿过暗紫色的大海，一直航行，直至你到达陆地。

所需时间：	两天
困难程度：	中等
地　　点：	怀特岛
更多信息：	请扫码看视频

然后，在你下船以后，勇敢的陌生人啊，请选择大海是会一直在你的左侧还是右侧。没有做其他决定的必要。现在，出发吧，走进未知。前进，保持大海在你的左手边，或是右手边。继续前进，沿着海岸线走，迎向前路的风景与历练。让旅程展开，就像你眼前的道路一样。在某个时候你会迎来惊讶的一刻：你绕着这片土地骑完一圈了，你的旅程完成了。现在，你可以带着荣耀乘船回家。

这趟旅程可以美妙非凡。试想一下，绕着澳大利亚或者是非洲旅行一圈。那会是怎样的一趟旅程，怎样的一个故事，怎样美妙的回忆啊！但假设一下，你既没有那个胆量也没有那些钱，可能也没有做这种事的爱好，那为什么不在家附近绕着什么地方旅行一圈呢？那可以是一个湖或者海湾，那可以是你住的郡县，或者是一个小岛。它甚至可以是一条环形公路（见182~187页）。不要计划太多——出发就是了。

这趟迷你旅程保有史诗级探索发现的精神，改变的只是规模和时间范围。追随任何

一个不需要复杂的导航就能将你引领回起点的岛屿或者湖泊，它让后勤和计划变得非常简单。

怀特岛是一个很好的例子。一个傍晚，我带着折叠自行车，在高峰时段挤上一列离开伦敦的火车。我感觉到自己因为踏进未知而心里激动得七上八下。旅程规模有多小并不要紧，因为我不知道前路有什么在等着我，那种感觉令人兴奋。

我从来没有去过怀特岛（除了一次只限男性参加的晚会外，而我对那晚记忆全无，所以不算数）。我特地没事先对岛屿做功课，在出发前克制住自己看旅游指南、地图或照片的冲动。这意味着我可能会错过一两个“亮点”，但我乐意冒这个风险，以换取未知的惊喜。

我骑着车溜下渡轮来到岛上。这里还是英格兰，但乘船抵达使它感觉更扣人心弦。也许这就是微冒险的其中一个要点——去走出那莫名地让你感觉更加宏大的一小步。

我骑上一个绵长的山丘，来到市镇的边缘，然后在一个酒馆停下来吃饭。

“吃饭的？！”女服务员感到难以置信，对我无辜的要求反问道，“在晚上这个时间？”

当时是晚上8点过一些，我确实是离伦敦很远很远了。

“不可能！往这个方向得走好多英里路才……”

所以我把怀疑的轻笑和摇头留在身后，从山丘往回骑到渡轮旁边的翠园中餐外卖。我坐在海堤上，一边吃着排骨一边看太阳慢慢地落到市镇背后。天高云淡，太阳放射出华丽的红光。大海倒映着艳阳，在建筑和游

SteePhill Cove

艇的剪影后熠熠生辉。比起汉普郡，这儿更像是哈瓦那。

我一直在努力教会自己活在“当下”，在这方面我差劲得不可救药。所以，我哄自己说不要担心日落之后会发生什么或是自己会睡在哪里。我只想享受现在。我摘掉手表，挑战自己不要去在乎时间，不要在乎自己在哪儿或者要去哪儿，只要享受这一刻，享受自己身处之地。

我想放松一下，想顺其自然，想要慢下脚步，想要绕点弯路。这样的想法适用于我的人生，也适用于这趟微冒险。

我慢悠悠地闲逛到镇外不远处，找了个僻静的地方，睡在一棵老栗树下的长草中。我的床在海堤的顶部，高涨的潮水在我身下轻柔地拍打。我凝望着5英里外大陆的灯火，凝望着船只穿过索伦特海峡驶向深夜。暮色渐退，我陷入了沉睡。

我第二天一早就醒了，但翻个身又继续睡。我对这个放松的态度可是很认真的！当我再次醒来，太阳已在地平线上一掌高的位置了，肚子告诉我现在是早餐时间。我赤脚站在草地上，慢腾腾地收拾行装。一个老人牵着他胖乎乎的拉布拉多走过来，我们开始聊天。他问了很多关于折叠自行车和用露营袋睡觉的问题，我解释说自己不知道会去哪里，唯一的计划就是环岛骑行一圈，要骑多久就骑多久。他笑了。

“这主意棒极了！”他大声说，“我还真挺羡慕的。”

我邀请他同行。他笑着拒绝了，然后告诉我镇上最好吃的早餐要去哪里找。

在吃下了培根煎蛋当燃料后，我开始了自己的骑行之旅。我乘坐老式的缆索牵引渡船渡过麦地那河，穿过观光商店和考斯的咖喱屋，再一次看到了大海。我明白了跟着大海走并不像听起来那么简单。索伦特海峡上船只来来往往。五颜六色的大三角帆像气球一样轻轻飘过海湾。

我没有地图，也刻意地不问人下一个市镇多远或是我在岛上什么地方。我不知道会有什么事情发生——这真的给冒险的体验锦上添花。我说服自己不要找捷径，每当地势变陡时就停下来。我拍了些照片，推着自行车走上陡峭的山坡，在树荫下歇息。

“前进，保持大海在你的左手边，或是右手边。继续前进，沿着海岸线走，迎向前路的风景与历练。”

只有在这时，当我在写这一章的时候，我才看小岛的地图。在活动之后才开始入门，然后发现自己骑过哪些地方，这样的感觉十分有趣。我记得考斯以西的区域奇怪地让我想起了夏威夷或者雷克雅未克。那里的街道狭窄而陡峭，古怪的隔板房乱糟糟地堆在这条或者那条路边，只为了能尽可能方便进出水域，或者获得最好的海景。它们被漆成蓝色和黄色，露台上点缀着贝壳。这些感觉上一点儿也不像我前一天离开的那个英格兰，不像伦敦地铁这口潮湿且让人厌恶的人群的压力锅。

路把我引向内陆，远离海洋。我在进入未知，在探索，就像南极探险家维维安·福斯，或是像满身泥泞的冒险家贝尔·格里斯。他们俩都在这里出生。“来呀，朋友们，探寻更新的世界现在尚未为时过晚。”

丁尼生如此写道。他选择在这座岛上住了那么久。我骑着车经过平静的农田，推着自行车走上更大的山头，然后乘着凉风溜下坡。有时路会穿过树林，经过弯曲的树枝形成的拱形隧道。斑驳的阳光汇聚在柏油路上，我溅起一池又一池的光。

我在雅茅斯再次抵达大海，然后穿过市镇，找一个平静的水域游泳。我又热又满身汗津津的，碧绿的水感觉清爽宜人。之后我嘎吱嘎吱地走回平整的卵石海滩，晒一会儿太阳，身上滴着水，整个人神清气爽。

然后，就像一个真正的探险家，我偶然发现了一件出乎预料的事情，一个美丽又难忘的地方，一个地理比我好的真正的探险家不会感到半点惊讶的景色。我一直以为尼德尔斯岩石（Needles）是在南部的康沃尔郡。可是我惊讶地发现自己站在高高的悬崖上，俯瞰着这些标志性的白垩岩石挺立在平静的蓝海里！我发现自己在幻想睡在岩石尽头的灯塔顶上会是什么感觉……

“我摘掉手表，挑战自己不要去在乎时间，不要在乎自己在哪儿或者要去哪儿，只要享受这一刻，享受自己身处之地。我想放松一下，想顺其自然，想要慢下脚步，想要绕点弯路。”

我从太阳和咕咕叫的肚子猜测现在是午后，所以我转身离开尼德尔斯岩石去找冰激凌吃。道路穿过高高的丘陵草地，草地长满美丽的野草和野花。海鸥在天上翱翔，当走在悬崖小径上的徒步者太靠近窝里的雏鸟时，它们就会焦虑地俯冲下来。我不知道自

己骑了多远，但我再也看不到隔海相望的英国大陆，所以我知道自己已经绕到了岛的南侧。强劲的逆风是我已经转过拐角的另一个标志。

我在一处海滩找到了冰激凌。这里曾有恐龙的足迹被发现。精神振作后，我继续向前。一天就这么过去了，我骑行经过小村庄和麦田，经过海边城镇和偏僻的小海湾。雨燕在天上翱翔，捕猎着虫子。而海鸥尖叫着，跟在一台红色的犁地拖拉机后盘旋。

我吃着炸鱼薯条喝着啤酒。一个男人坐在桥墩后面拉手风琴，心不在焉地卖着艺，享受着落日的温暖。

那是个漫长的一天，我又一次爬到了开阔的丘陵地上。那是一个美好的傍晚，悬崖上的草柔软又富有弹性，长得能在我舒展身体时完全遮蔽我。我能看到的只有草和渐暗的天色。有一两颗星星出现了。我竭力保持了一阵子清醒，高兴地寻找更多的恒星和卫星。

“那是个漫长的一天，我又一次爬到了开阔的丘陵地上。那是一个美好的傍晚，悬崖上的草柔软又富有弹性，长得能在我舒展身体时完全遮蔽我。”

第二天一早我继续行程。我有意不管自己在哪里，也没有携带补给。这意味着，我在找到下一家商店前都得饿着肚子骑行。我的早餐会因此尝起来更加美味。这种不确定性，也让我在看到东考斯的第一个路标和我小小的环岛之旅终点时感到更加兴奋。我所有探索的终点都是到达出发的地方，然后坐上渡轮回到一水之隔的大陆。

35 漂流探险

所需时间：	过夜
困难程度：	困难
地　　点：	坎布里亚郡的博罗代尔峡谷
交通方式：	乘筏
额外装备：	防水包、桨、头灯

一个星期一的早晨，我坐在书桌前一边回邮件一边听着收音机。电台DJ在邀请听众发来一些他们周末活动的照片。这些事我一般会忽略掉，但我对自己的周末活动十分享受，于是飞快地提交了几张照片。几分钟后，我的自尊获得了一个极大的提升：电台DJ对着BBC第六频道音乐台的听众宣布我是“硬汉的化身”……

我怀着一点儿得意再次埋首到邮件里。

一个最简单的但也最愉快的微冒险策划方式是直接再现别人的旅程。这可以用许多不同的方式来实现，但历史旅途（见88~91页）或是书籍上（见253页）所写的旅途这两种主题是可以轻松地复制的。

前段时间，一个朋友把他的《米利肯·道尔顿：追寻浪漫与自由》借给了我（一个作者的旁白：请不要把自己最喜欢的书借给朋友——给他们买本新的）。我从来没有听说过米利肯·道尔顿。1903年，36岁的他放弃了在伦敦当保险业务员的工作，来到野外，开始称自己为“冒险教授”。之后他不凡的

古怪生活都围绕着微冒险进行，这比话题标签的诞生还要早得多。

我受到这本书启发，决定前往湖区和我的朋友汤姆寻求一些属于自己的“九死一生”。我们将要制造一艘木筏，顺流划到德文特河，就像“教授”做过的那样。

博罗代尔峡谷由英格兰一些最高的山峰围绕而成，长满青草的山谷旁边就是河流。山谷很狭窄，山峦屹立在河流的两岸，山势崎岖险峻，山上长满橡树。进入山谷之后，我们都陶醉了。它让我更多地想起了法国，而不是英格兰。汤姆比较胜我一筹，他将这里比作中国的台湾。我从来没有去过中国台湾，所以他赢得了这个旅游胜人一筹奖。

我们带了6个塑料桶和一卷绳子，米利肯·道尔顿或许会对我们皱眉头。尽管能力不强还需要各方面的帮助，但我们还是想尽量减少建造木筏对环境的影响。我们心目中的木筏也没有他曾经做过的那艘那么有野心：“我发现了一些被砍下的树木就躺在岸边一片树林里；它们有的长达35英尺，需要5个人才能搬到水里。”

德文特河的水位很低。温暖的水流淌过鹅卵石滩，从一个水洼缓缓汇聚到另一个水洼。“九死一生”是没什么可能发生了，但在最美丽的湖区山谷里度过有趣的一天也是不错的替代。

我们在一个温暖的卵石滩上丢下装备，和一群鸭子分享我们的猪肉馅饼，然后开始工作。我们散开到树林里寻找合适的倒木。我们对如何建造一艘木筏没有计划，于是决定先收集一些木材，然后再想接下来该怎么办。

我把木头拖过高高的欧洲蕨，私下里希望自己找到的木头比汤姆的更大。我知道这是一个愚蠢的游戏；汤姆是最没有争胜心的人，如果我干的活比他多，他还高兴呢！我回到岸边时弄了一身划伤，人也热得不行，于是我跳进河里其中一个清澈的水洼快速降温。

“山谷很狭窄，山峦屹立在河流的两岸，山势崎岖险峻，山上长满橡树。进入山谷之后，我们都陶醉了。”

我们从最长的一块木头下手，做了一个大约8英尺长、4英尺宽的框架。汤姆对自己的绳结技术有些担心，我用那句古训安抚他：“如果你不会打绳结，那多打几个结就

好了。”

我们借助一些更细、更柔软的木条把塑料桶扎到一起，固定到框架上，然后我们把细枝条固定到框架上，做好一个可以坐上去的基座。之后，为了让漂流获得终极的舒适体验，我们堆上厚厚的一层欧洲蕨叶当坐垫。完成的木筏看上去有点东倒西歪，但“垃圾筏”的教父纽特利诺爸爸会肯定这艘船的。（他乘一艘垃圾筏横越了大西洋，假如你希望增大自己漂流探险的规模的话。）我们为这艘木筏而骄傲，也为能测试它而兴奋万分。

它漂浮得可真是美妙啊！我们把所有装备——睡袋、相机、手机和钱包——通通装进垃圾袋，准备启航。然后，我们难得地在这一刻有了共识，决定在把所有值钱的家当堆上船之前先实际测试一下木筏。幸好我们这么做了，因为很快我们就发现木筏没有足够的浮力托起两个大个子成年人。我们大呼小叫，哈哈大笑，我们的这艘“小康奇基号”拼命摇晃，威胁着要把我们俩抛到河里。然后它逐渐稳定下来，沉到水面下一两英寸。

经过一番滑稽但愉快的尝试，企图划桨顺流而下，我们不得不承认失败。看来我们费了一番工夫建造了一艘不管用的木筏。但这并不特别要紧，因为建造的过程已经充满了乐趣。我们已经30多岁了，但感觉自己就像13岁的小男孩一样。在完成本书这些微冒险的过程中，我一次又一次被他们的孩子气震撼。我指的是一种好的孩子气，而不是“幼稚”。那个在阳光下建造木筏的下午让我想起了自己的童年在约克郡溪谷的一条河流旁玩耍的时光。

我们决定把东西留在岸上，试着乘坐这艘木筏取得一点进展。木筏漂流是如此缓慢，到一天结束，我们还要回头去取装备，所以时间不能太长。我们只能轮流乘筏，因为木筏坐一个人还挺好，但两个人就不行了。我们的新计划是撑着木筏顺流而下，不管高兴不高兴。

我们很快就对那些威尼斯船夫燃起了敬意：撑船并不像看起来那么简单。我们前进得很慢，但河流十分美丽，夏季的傍晚也十分漫长。水位是如此的低，几乎没什么水流能帮助我们前进。溪水常常浅得迫使我们要把木筏抬起来，蹚到下一个深水处。这真是太蠢了。而这也是多年来我们玩得最开心的一次。

我们本来打算向下游漂流到德文特河，

甚至还想泛舟横渡湖面。但是我们的进度是如此可怜，几个小时后，我们决定改到下游的一个小村庄去。话题变成村庄里的小酒馆，还有漂流抵达后啤酒尝起来会有多美味。

天在变黑。夜晚即将来临，要来的还有雨。第一滴雨来得很快，也很突然。雨声变得越来越大。片刻之后，风暴将全部力量砸向我们，宁静的河曲变得更像是野生的丛林。急雨很温暖，汤姆和我都在大笑大叫。雨点狂暴地击打着河面，把我们淋成了落汤鸡。这是一个狂野而奇妙的经历。我们到达村庄时，风暴正好过去。我们把木筏留在岸上，到一家酒馆去。我们浑身泥污地走在冷清的路上，笑嘻嘻地寻找啤酒和庇护所。

但是这里没有酒馆啊！什么样的英国村庄会连酒馆都没有啊？！幸好我们俩的心情都很好，没觉得太受打击。

雨现在已经过去了，傍晚凉爽而清新。我们回到上游拿上装备，然后去寻找米利肯·道尔顿的洞穴。洞穴掩藏在一片树林里，树林位于一个陡峭山坡的半山腰上。“冒险教授”在这个山洞里住了数十年。我们希望找到它，然后在那里过一夜。我们在暮色降临时抵达，摆脱了淅淅沥沥地滴着水的树林，来到一片空地上。从那里可以看到河流另一边云雾缭绕的山坡。

我们打开手电筒，穿过又高又湿的欧洲蕨丛，进入洞穴黑暗的入口。我们希望洞里还是干爽的，因为在洞外的夜晚肯定会非常潮湿。米利肯的洞穴远远出乎我的预料，每个方向都有大约15米，而且幸运的是洞里是干的。我花了很多个夜晚在世界上各种奇怪的地方野外露宿，但我悄悄地对汤姆坦白，让我自己一个人睡在洞里我还是会觉得紧张。大脑会对你玩一些有趣的把戏，有人陪伴总是好事。

我肚子很饿，甚至期待起过期粗麦粉（“每包才2.5镑！”汤姆那天早上曾经那样夸耀）和在加油站便利店买的炖菜罐头做成的晚餐。我看着蓝色的火焰舔着锅底，听着洞穴入口处滴滴答答的水声。当我们需要更多的水时，我们就把金属杯子放到一个滴水处的下面。水滴落在金属上的叮叮声随着杯子被装满而逐渐变小。

我们在平整的洞穴地面上打开睡袋。这是一处宁静的港湾，也是一处完美的庇护所，远离炎热的夏夜里豪雨带来的滚滚洪流。

建造一艘木筏加上在一个山洞里睡觉，让这一天成了一个真正值得纪念的日子。如果不是读了《米利肯·道尔顿：追寻浪漫与自由》，我也不会到博罗代尔来。这是一个追溯历史或文学旅程的好理由，但另一个原因是它给旅程增添了额外的体验。汤姆和我即使不受米利肯·道尔顿的影响也会喜欢这一趟漂流之旅。但知道在100年前，另一个有些古怪的男人在他30多岁时选择了逃离你死我活的竞争，来到同一条河边追寻孤独和荒野，这让我们更加喜爱这一趟旅程。即使相隔一个世纪，我们3人都享受过同一片景色，而我们对缓缓泛舟穿越乡野的热爱也别无二致。

36 山地冒险

当你对微冒险的信心逐渐增强，你会高兴地发现在英国就能有挑战你能力极限的冒险——你只需要找到它们。

所需时间：	两天
困难程度：	难
地　　点：	斯凯岛
交通方式：	步行、骑自行车和乘船
额外装备：	登山装备
更多信息：	请扫码看视频

在英国的山顶徒步区区12公里听起来并不多，但它看起来令人印象深刻：我第一眼看到库林山脊时是在海另一边的巴拉赫纳巴（Bealach na Ba），从几英里外越过大海眺望那些遥远的蓝色山脉。那时我正因一时兴起前往斯凯岛，准备和一个我从来没见过的人攀登这危险的山脉。他读过我的一些书。在我们俩都参加了同一次愚蠢的冬季山地自行车赛（见52~55页）后，他给我发电子邮件。他赢得了那次比赛，而我只是幸存了下来。

但亚历克斯的主意立刻吸引了我：骑山地自行车越野，一直骑行到海边，然后泛舟

渡海到山里去，去挑战难以征服的库林山脊。来一次有挑战性的铁人三项微冒险，穿越英国一些最美的风光？我马上就来。我回答道。

于是我们开始从斯利格亨的一家酒馆出发，兴高采烈地骑过峡谷。我们为踏上旅程而兴奋，也为看来会持续的好天气感到高兴。这对我们此行的成功可是至关重要。路是狭窄的单行道，上面散落着石块，时有沟壑。我很快就意识到，在萨里郡的丘陵进行山地自行车骑行并不能满足骑行苏格兰高地所需的技术水平。我跌跌撞撞，多次要伸脚撑地，还有一次就像漫画里那样飞过车把一头栽进泥塘里，但我对这一趟美丽而偏远的骑行之旅乐在其中。

四面八方，光秃秃的山峰从峡谷拔地而起，指向温暖的天空，然后是寂静。我记得那种寂静。寂静是如此强烈，强烈得近乎压抑。我们经过一个非常适合游泳的湖，但天黑之前还有数英里路要骑，于是我们继续前进，沿着一个令人振奋的下坡飞驰而下，到达一处开阔的海湾。弯曲的海湾内侧伶仃地矗立着一座白色的房子，远离电力和自来水，给此地更添一分与世隔绝的气息。这会是一个美好的家，适合与朋友共度时光，一起跑上山，一起喝着啤酒，烹煮海滩上收集来的贻贝，一起构想宏大的计划。

但今天我们继续向前骑，骑到一座小山上，然后高喊着从山另一边冲下来，来到一个狭小的海湾以及我们铁人三项微冒险的第

二阶段起点。我们要泛舟渡海，横跨海湾，到达眼前这宏伟山峦的山脚。

“路是狭窄的单行道，上面散落着石块，时有沟壑。我很快就意识到，在萨里郡的丘陵进行山地自行车骑行并不能满足骑行苏格兰高地所需的技术水平。”

我给自己心爱的橡皮筏充气，亚历克斯和他的朋友科林聊天。科林带了几艘海上皮艇来这里跟我们碰头。

我承认，依赖一个有面包车还有几艘海上皮艇的男人不符合微冒险精神！但那天天气很热，泛舟是种乐趣，是一阵完美的海洋热。[那一天“飓风裹着白云驰骋飞翔，怒涛冲天，泡沫喷涌，海鸥喧嚷”（英国桂冠诗人约翰·梅菲斯尔德的诗作《海洋热》）。] 海浪打凉了我的脸颊，湿透了我的衣衫。呆笨的橡皮筏搏击着涌起的浪潮。

身处舟中是个特殊的体验。你的视角得天独厚，留在岸上的凡人无法触及。眼前的山看起来安详宁静，却又叫人傻乎乎地兴奋起来。漂亮的粉红色和白色水母漂浮着、舞动着，穿过清澈的蓝色盐水。海岸在我们身后越退越远。我的手上起了水泡，但每划一桨，巍然耸立的山脉都变得更大了一点点。逆风让前进变得艰难。我们向着西方，划向傍晚绚丽的太阳。水从我们的桨上滑落，仿佛流动的星星，溅碎在我的船首。

“今天我们继续向前骑，骑到一座小山上，然后高喊着从山另一边冲下来，来到一个狭小的海湾以及我们铁人三项微冒险的第二阶段起点。”

最后，我们到了山的背风面。我们很累，浑身湿透，可是满心欢喜。现在逆风吹不到我们，我们可以在船上躺下休息一会儿。这是一处僻静的海湾入口，四周的岸上，陡峭的山峰拔地而起，森然笼罩着这一处狭小的裂缝。库林山脉是一个大火山口的古老风化遗迹。山峰在我们上方形成壮观的曲折，嶙峋而险恶，像烂牙乌黑的残根。

很难想象在英国能找到比这更美的泛舟旅程，我为自己在国内追寻野性和冒险的决定开心地笑起来。亚历克斯也很高兴。尽管他熟悉斯凯岛，也常来这里登山和骑山地自行车，但他从没经历过这样的泛舟旅程。英国是一个美丽而野性的国家。即使是在你家后院也有新的冒险、新的景象、新的视角：你只需要付出小小的努力去发现它们。

亚历克斯指指我身后，我转身一看，十几只海豹用湿漉漉的黑眼睛好奇地窥视着我们。其中两只哼了一声，潜入水中。其余疑惑地目送着我们从几只还长着白毛皮的海豹幼崽旁边经过，轻轻地把船划向岸边。两只燕鸥，那海鸟中最洁白也最优美的鸟儿，因为担心它们巢里的幼鸟尖叫着朝我们俯冲下来，而我们担心的就只有食物。我们前进了很长一段时间，现在已经饥肠辘辘。我们把船拖到了一条小河旁的岸上。

在亚历克斯煮上一大锅意大利面时，我很快地去逛了一圈。斯卡韦格河是英国最短的河流之一。我沿着它的河道从海边往上走了几百米，来到它的源头科鲁什克湖。我想来这个湖已经好些年了，来到这里让我兴奋得合不拢嘴。这是一个遥远、动人而美丽的地方。

我们睡在岸上，然后我被手表的闹钟过早地唤醒。时间是凌晨3点，是时候开始我们冒险的第三阶段：

“最后，我们到了山的背风面。我们很累，浑身湿透，可是满心欢喜。现在逆风吹不到我们，我们可以在船上躺下休息一会儿。”

搞定著名的库林山脊，回到我们出发的那家小酒馆。我们希望能赶上打烊前的最后一轮点单。我们和啤酒之间只有12公里的山脊，但我们给自己留出了20个小时。这应该足以显示出有多少困难拦在前路上。

亚历克斯和我留下科林继续睡（他迟些会拖着多出的海上皮艇泛舟返回），而我们俩开始在黑暗中登山。到日出的时候，我们

登顶了当天第一座门罗级山峰，享受着群山、大海和岛屿绝美的景色。

加尔斯-本峰是这次山脊挑战的起点。我们开始的行进速度良好，斗志昂扬。天气好极了。我们出发很早，所以一切看起来都胜券在握。我们徒步、跳跃，沿着山脊攀登，用不错的速度前进了几个小时。我们的两侧都是天空，大片的天空，还有很长很长的落差。风景美极了，就像从飞机上鸟瞰所见的景色。我很少能到如此美丽的地方。但我们只能匆匆看上几眼，全副精力必须时刻专注于稳住步伐和寻找路线。在没有遮蔽的山脊寻找路线很困难，这听起来好像很奇怪，但山上乱石遍布，前进变得如地狱般艰难。亚历克斯在一个地方停下脚步，一跃跨过裂口，然后转过身来看着我。他脸色有些苍白。

“我建议你不要看——直接跳。”

我就直接跳了。

然后，我转身看看自己刚跳过了什么。我低头往下看。

那是一段很高很高的落差。

深呼吸。

努力向前。继续前进。

当我们到达第一个攀岩路段，我对那些在短短3个半小时跑完山脊纵长的人由钦佩转变成了惊诧。这些山上暴走的疯子，连绳索都不带就在这些峭壁上上下下。而这些峭壁在懦弱的我眼里简直是惊险得毛骨悚然。我很高兴能套上登山绳挣扎着通过非常困难（V Diff）和轻度严格（MS）的岩壁，再从另一边绕绳下降。这些攀岩路段是唯一有可能阻挡我们完成挑战的东西，所以完成它们让我们高兴得要死。

我不是攀岩者，也不打算成为一个攀岩者。我喜爱与攀岩相关的文学作品，但并不喜欢攀岩者的预期寿命。我喜爱攀登的挑战和解谜感——攀岩就像一个需要手脚并用将自己推上垂直立面的谜语——而我解这个谜语时，并不热衷于从自己双脚之间看下去欣赏美景。这片豁开的空间专有名词是“暴露感”。我一点儿都不喜欢“暴露感”！但我觉得面对这种恐惧十分有趣。我被固定在一根绳子上——我是安全的——但我没有安全感。这本身意味着这是一个完美的微冒险：即使在一个相对安全的地方，我还是脱离了自己的舒适区，在精神上和身体上都拼尽全力。我认识了自己，层层突破了自己的极限。

山脊上最壮观的景点有一个了不起的名字：人迹罕至峰。在《荒野之境》一书中，罗伯特·麦克法伦形容这座尖峰是“一块黝

黑的鳍状岩石，高达几百英尺。长久以来，它一直是我印象中的蛮荒之地……那是一座刀削般的山峰，一侧险象环生，另一侧是更为险峻的深渊”。

人迹罕至峰是这次挑战高点的象征。峰顶的景色无与伦比，虽然我双手像老虎钳一样紧紧扣在岩石上。这样的时刻会让你感觉自己充满生气。

但尽管我满怀喜气和生气，膝盖却不幸地对扭曲的地势产生了不良反应。在山脊上度过8小时后，扭伤膝盖的我走得就像个老头。要完成全程是绝无可能了。我们不得不一瘸一拐地从山脊上下来，承认失败。

“峰顶的景色无与伦比，虽然我双手像老虎钳一样紧紧扣在岩石上。这样的时刻会让你感觉自己充满生气。”

失败让我不悦，特别是因为受伤这种随机又不可控的原因。铁人三项微冒险是个如此美妙的挑战。我为自己辜负了亚历克斯而沮丧，但失败也让我难忘。英国不是一个特别崎岖的国家，你往往不会被眼前的风光打败。败在这些古老而令人敬畏的山峰脚下让我获得一种扭曲的满足感。我低估了它们。

山不在乎你在它们的斜坡和顶峰上有什么表现。它们美丽而冷漠，在你渺小的探索开始之前，它们已经屹立在这里数百万年。而当我们的孙子的孙子感受到同一股永无休止的冲动，想要挑战自我时，山峰仍会屹立着。

没问题，用你的智慧、你的技能、你的勇气、你的运气去和它们对抗。你可能会赢，也可能会输，但是输赢它们都不在乎。也许这就是它们吸引人的一个原因。这当然是一个人人生中做大事的好比喻：为做而做，而不是为获得他人的赞誉而做。不要因为恐惧失败而对重大尝试推三阻四。山没有因为我的失败而看轻我半点。它们不会因为胜利而待我以盛宴，也不会因为失败而报我以讥嘲。比起办公室里那些按部就班、牢骚满腹，对做错事的人冷嘲热讽的家伙，群山是优秀得多的评判者。

所以，这次的微冒险我失败了，但我有美好的回忆。如果我根本没出发，这一切都不复存在。现在我也有了一个借口（如果借口是有必要的话），让自己快快回到斯凯岛的荒野里，去完成一些未竟的事务。

也来试试其他山脊挑战

请确保您有合适的技能水平、清醒的头脑和充足的装备，来应付这些可能会很危险的路线。如果你想学习攀岩，请到网上搜索英国登山协会，他们能给你正确的指引。住在东南部的读者，可能也会有兴趣在网上搜索伦敦登山者的微指南。

- 布雷肯比肯斯的克雷格凡蒂山脊（Craigy Fan Ddu）。
- 斯诺登尼亚的克利布科奇刀脊（Crib Goch）。
- 湖区的科莱代尔马蹄山脊（The Coledale Horseshoe）。
- 格伦科的阿诺赫伊加赫山脊（Aonach Eagach）。
- 内赫布里底群岛的拉姆库林横越路线（Rum Cuillin traverse）。

37 到祖国的尽头

那天一大早，我在尤斯顿路随着通勤者们稳稳当当地骑着车，看起来就跟其他人一样。

所需时间：	数日
困难程度：	难
地　　点：	设得兰群岛
交通方式：	骑自行车或乘橡皮筏
更多信息：	请扫码看视频

我的布朗登折叠自行车是这次旅程的完美之选。这个英国工程技术结晶的小轮子在柏油路面上愉快地滚动。我在车站跟我的朋友乔见面。我们很快就折好了自行车，挤上拥挤的火车。唯一能透露出我们的一天将与他人不同的线索，也许就只是插在背包里的短桨和我们兴奋的笑容——因为我们要去冒险了！

诚然，这是一个非常小型的冒险，但自从我开始进行这些有意为之的小型“探险”，我已经发现了，要保证能有一次有趣、有挑战性而且还收获丰富的经历，你要做的不过就是想出一个有趣的计划（并致力实施计划）。对于那些受到永恒的“fernweh”（一个美丽的德语单词，意思是“一种对远方的渴望”）诅咒的人，微冒险也是一剂良药。

火车哐当哐当向着北方行驶，我们打开新地图。在设得兰群岛各个岛屿、海湾和山顶嶙峋参差的图样中间，像“游蛇”（The Slithers）、布鲁姆尔海峡和马克尔弗拉加岛这样的名字激发了我的好奇心。在地图上发现马克尔弗拉加岛是应该的，因为这是旅程的开始。事实上，旅程从罗德板球场开始。或者，更确切地说，它始于有一天我在家里听到国际板球锦标赛的一个电台采访。被采访的是一位来看板球赛的设得兰群岛灯塔看守，这是他第一次到伦敦。他的口音柔软而轻快，比起苏格兰口音几乎更像是挪威口音。他说他经常听板球赛的电台直播，陪伴他的是巨浪拍击着英国的最北端的灯塔，撞碎在马克尔弗拉加岛饱经风吹浪打的岩石上。马克尔弗拉加岛！多美的名字！我还从来没有听说过它。

“对于那些受到永恒的‘fernweh’诅咒的人，微冒险也是一剂良药。”

我打开手上最大的地图集，然后找到了——“马克尔弗拉加岛”——比圣彼得堡和赫尔辛基更偏北，是尤伊斯特岛——设得兰群岛最北的主要岛屿——北岸对面的一个小小的岛屿。它在约翰奥格罗茨村以北100英里，而约翰奥格罗茨村是我过去认为的英国极北端。马克尔弗拉加岛真正标志着我的祖国的最北端。我不仅从没听说过这个地方，我也从来没有去过那里。我开始计划……

最后，我们从火车换乘轮渡。我和乔推着我们的小自行车走进通宵渡轮的大肚皮里，渡轮从阿伯丁驶向设得兰群岛。我们的计划很简单，好的冒险应当如此。好的冒险听起来真实可靠，能用一两句话就总结出来，你在书籍地图店的收据背面就能写完计划！我们将从岛链南端一路向北。没有公交车，没有渡船。在这小小的北方群岛，我们将骑行穿越每个岛屿，然后折起自行车改用皮划艇渡海前往下一个岛。

我在渡轮上读着《奥德赛》睡着了。“请为我叙说，缪斯啊，那位机敏的英雄，在摧毁特洛伊的神圣城堡后又到处漂泊……”在微冒险旅途中读史诗《奥德赛》，这件具有讽刺意味的事如今也发生在我身上。但你并不需要对付一个独眼巨人或者海妖的歌声才算得上经历了一次冒险。你所需的只是具有挑战性的事、一个新的地方，以及一点点想象力。

在海上度过14个小时后，渡轮抵达了勒维克。要想象自己正身处令人兴奋的异国是件容易的事。但不是那样的，尽管旅途漫长，尽管旅行癖在我胸中阵阵骚动，这里还是我的祖国。小餐馆卖的还是培根、鸡蛋和大杯的甜茶。

我们准备好开始骑行了。我们从萨姆堡海角起步，在一个狂风大作的夏日蹬踏着负重过大、动力不足的自行车向北前进。自行车上绑着帐篷、睡袋以及我们岛屿骑行所需的全部装备。我对搞噱头的探险容忍度很低，所以担心自己是不是此行有些踩过线了。既然都有渡轮了，为什么还要带橡皮筏呢？（而且还是一艘以每头70便士的价格运送牲畜的渡轮！）但几乎所有的探险都有点矫揉造作的成分，为了换取战胜困难的喜悦，人们会故意让事情变得更加困难。所以，我还是避免了一次“故作新奇的冒险”，但也就差那么一点儿了。

这个为期3天的宏大的微冒险，是我自环游世界以来最长的骑行之旅。我们经过一个北纬60度的路标。设得兰群岛比起部分阿拉斯加地区还要更靠近北极，我们比起伦敦更接近另外5个国家的首都，孤立与偏远的感觉显而易见。

肥胖的海豹在沙滩上晒太阳。我们接近

60°N

“我们的计划很简单，好的冒险应当如此。好的冒险听起来真实可靠，能用一两句话就总结出来，你在书籍地图店的收据背面就能写完计划！”

时，它们笨拙地逃离沙滩，逃进灰蓝海湾的庇护里，然后从水里探出头来，小心翼翼地注视着我们，直到我们再次骑上3段变速的自行车摇摇晃晃地远去。

在我们骑行的过程中，海会在意外的时间与地点映入眼帘：在设得兰群岛的任何地方，我们离海从来没有超过3英里。

长指峡湾（当地人称为“小湾”）向四面八方延伸，先出现在我们的左方，后来连右侧也有了。到了晚上，天空依然阴沉，小湾则是沉闷的铁灰色。昏暗的光线平静、迷人而舒缓，像我们路过的小村庄。

在一个背风的小湾，一群妇女正在一艘结实的老式划艇上准备晚间郊游。她们把桨安到桨架上，一边聊天一边登船。她们朝我们呼喊，问我们是否想加入她们的行列。我说：“不，谢谢了。”在旅行中受到邀请时，这永远是最糟糕的回答。我马上就后悔了，但她们的小船已经轻轻地驶出平静的海湾。

在她们可能并不十分紧张的一天之后，这样的休闲方式看起来就像田园诗一般。我想起下班高峰期的伦敦地铁，思索着自己为什么没有住到这里来。这个问题在整个旅程中在我的脑海里翻来覆去。我想自己要是住到这样一个小社区里的话，是会觉得很开心还是很无聊。也许两者都有吧。

夏天到北方旅行的一个好处是你可以尽情溜达瞎跑，而天还是亮的。晚上11点的时候，我们在一条青铜色的泥炭小溪旁支起帐篷，在月光下生火做晚饭。长时间的日光也意味着没有必要一大早就跳出你的睡袋。这是一种文明的冒险，但当苏格兰的雨敲打着帐篷，当你在这熟悉的鼓点中醒来，感觉又不像那么回事了。我们在雨中骑行，对设得兰群岛的爱比昨天大为减少。

天气并不只是痛苦的理由，它也是忧虑的原因。今天我们得到海上，泛舟穿过耶尔海峡汹涌的潮水到达下一个岛屿。当我们站在岸边，我感到非常紧张。水流速度很快，刮着凛冽的风，我们看不到远处的海岸。蓝灰色的大海透出不祥的征兆。这是我第一次乘橡皮筏涉足大海。我们折起自行车，把它们绑到橡皮筏上，在潮水缓和的时候小心翼翼地把船划到海湾里。我内心对此行能走多远充满了疑问。（注意：这是一个非常愚蠢的活动。我绝不推荐！）

“晚上11点的时候，我们在一条青铜色的泥炭小溪旁支起帐篷，在月光下生火做晚饭。”

我们顺利前进，直到潮水再一次变急。到这时我们已经没有退路了，只能用力划到一个无人居住的岛屿寻求庇护，在岛上一个破旧的小农场旁边支起帐篷，穿着湿衣服哆嗦了几个小时。我们等着潮水缓和，寄希望于雾也能散去一些，以便能看到将要前往的耶尔岛。划船的时候看不见前行的方向实在令人不安。我边读着《奥德赛》边打瞌睡，直到再次上路的时间来临。

我们出发时，卷着雨的阵风让大海变得汹涌澎湃。但至少我们已经瞥见了迷雾后的陆地。它证实了我们之前从地图上了解到的事情：耶尔岛就在那个方向，在这片幽暗、宽阔的大海另一边。它真的不是很远。这缓解了我们的忧虑。航程的末段挺轻松的，虽然夜晚下着滂沱大雨。我们浑身湿透却很高兴，为自己接受了一次吓人的挑战并取得胜利而激动不已。于是，我们满不在乎地沿着耶尔岛的海岸又多划了一两英里，就为了开开心，欣赏一下平静的夜晚和偶尔浮出水面的海豹。

作为一个自重的微冒险者（而不是一个自虐、苦行僧式的发烧友，比如年轻时的我），在淋成落汤鸡时，你只有一个选择：我们前往山顶酒吧——“英国最北端的酒吧”，把湿透的装备搭在他们的暖气片上。[虽然我们的力量已不如当初，已远非昔日移天动地的雄姿，但我们仍是我们……（摘自丁尼生的《尤里西斯》。）]

老板娘怜惜地照料着我们，听说我们明天想泛舟穿越臭名昭著的布鲁姆尔海峡，还说我们是傻瓜。不久，我们听到了厨房微波炉悦耳的“叮”一声。这是苏格兰乡间常见的用餐体验了。我们埋头吃着热腾腾的螯虾，对世界感觉舒服多了。

除了他们迷人的口音和他们对天气的执着（即使按英国标准来说）外，我被当地人对他们偏远生活骄傲的爱意震撼了。一个螃蟹罐头厂的机修师也是岛上的流动DJ。他会利用业余时间在村政厅开迪斯科舞会。他在我提起卡梅伦备受嘲弄的“大社会”理念时嗤之以鼻，但这就是小社区真正的生活方式。这里的一大亮点是“中国之夜”：每月有一两次，勒维克中餐馆会把大篷车开上路，为不同的岛屿带来东方的味道。我慢慢地用力咀嚼着我的虾。我能明白那种吸引力。

“阳光！”乔一边喊道，一边拉开帐篷的拉链。我马上清醒过来，满心欢喜。当艳阳罕见地高照，蚊蠓无处可寻，世界上很少有地方能比此刻的苏格兰更美。我们怀着享受暑假的心情，在耶尔岛蜿蜒的狭窄道路上骑向最

后一次泛舟，也是我最担心的一次泛舟。布鲁姆尔海峡只是一片狭长的海域，但流速可高达14节：远远超出橡皮筏的承受范围。

幸好潮水平静，我们怀着欢乐的心情轻松地划过平静的水面。

我们划船绕过怪石嶙峋的海湾，看见海豹、海獭和数以千计的鸟儿。我们已经到达安斯特岛，英国最北端的有人居住的岛屿。现在没有什么能阻止我们了。我们把船拖上海滩，一头扎进冰冷清澈的水里游了一个庆功泳。

安斯特岛是我最喜欢的岛屿，这里平静生活的氛围触手可及。黄色的草甸鲜花在柔和的微风中起舞，被与岛同名的小型马取食。山在我们面前连绵起伏。水围绕着岛四周，小小的岛屿嵌在闪闪发光的大海上。小小的住家散落在绿色荒原的边缘。甚至是公交候车亭也充满个性，上面缀满了古怪的装饰，还是个著名的旅游景点。

“岩石上的灯塔开始闪烁。漫长的白天慢慢逝去。我站在帐篷外面，在夏至柔和的午夜阳光中眺望着大海。”

我们很快就到达了路的尽头。在这个微冒险里，所有的距离都很短。我们推着自行车越野、上山、穿过沼泽，继续往上走直到自己站在北边海岸的悬崖上欢呼。海雀拼命地扇动翅膀，匆匆忙忙地在我们头顶飞过，或是忽然疯狂地转向飞往陆地，叉开橙色的爪子去抓住悬崖。鲣鸟和贼鸥在风中盘旋。一个小岛覆满了鸟粪和海鸟，变成全白。碧绿的海浪砸在我们脚下，砸在马克尔弗拉加岛上，声音混杂着鸟群的喧嚣。我们成功了！这只是一块露出海面的岩石，只矗立着一座灯塔：相对于到这里的900英里路程，这些都是很不起眼的事物。然而，毫无疑问，到祖国尽头的旅程是一件乐事、一次教育，也是一趟冒险。

岩石上的灯塔开始闪烁。漫长的白天慢慢逝去。我站在帐篷外面，在夏至柔和的午夜阳光中眺望着大海。我在英国的最北端。直到此刻，我才开始明白自己对国家知之甚少。

我们的帐篷支在一片像台球桌一样平展的翠绿草地上，离帐篷一步之遥就是悬崖的边缘。唯一的声音是鸟儿和海浪。这不仅是我在英国最喜欢的露营点之一，也是世界上最好的露营点之一。你并不需要太多的时间、金钱或专业知识就能体验一晚这样的野外露营。你只需出发。

38 M25公路冒险

为了证明比起去广袤荒原，微冒险更在于态度和想象力，我决定在自己能想到的最无聊的地方寻求冒险。

所需时间：	一周
困难程度：	困难
地　　点：	M25高速公路
交通方式：	步行

我打电话给我的朋友罗伯，邀请他同行。他说："这是个愚蠢的主意。我们出发吧！"

于是我们一起出发，沿着M25高速公路走一圈。

M25高速公路是一只长达120英里、环绕伦敦的"巨兽"，是通往地狱的原始道路。人人都讨厌的M25：它是现代生活乏味的化身。它极易拥堵，让驾驶者满心沮丧，它途经的通勤城镇对勇敢的徒步旅行者来说也没好到哪里去。我们的计划是尽可能靠近高速公路步行，从1号枢纽走到31号枢纽。这条路线将引领我们从肯特郡走到埃塞克斯郡，途经萨里郡、伯克郡、白金汉郡和赫特福德郡。我们会穿过田野和城镇、高尔夫球场和住宅区。我们时不时沿着零星出现的平行小路走，如果看见路人踩出的小径，我们就顺着它们走下去。我们特意不做真正的计划。我们最终可能会走150~200英里。我们有一个星期来完成这次旅程，身上只带了一张整条高速公路的小比例尺地图。当你只是打算追随直觉沿着一条庞大的公路步行，你并不需要比这更多的东西。我们在油炸食品店吃饭，在勺子油腻腻的小餐馆喝茶。晚上我们会用露营袋睡在户外，尽管地上积着厚厚的雪。因为，完全是偶然地，我们选择了30年来最糟糕的冬天里最冷的一周来进行我们的冒险。旅程变成了一次西伯利亚郊区体验游。因此，我们希望能时不时地在一座桥下、在一间谷仓里，或是在一个友善的陌生人的家里求得庇护。

时间是黎明。天下着雪。罗伯和我在泰晤士河入海口南岸一个冷冷清清的工业区。在我们上方是女王伊丽莎白二世大桥宏伟的桥拱，桥上拥堵着的车向着M25公路1号枢纽的收费站缓缓爬行。这是新年假期后的第一个工作日，一切看起来都阴郁而沉闷。我开始觉得，这也许不是个好主意。我试图寻找好的一面：从现在开始一个星期后，我们应

小片美景。赖盖特和里克曼斯沃思比不上廷巴克图和乌兰巴托，但沿M25公路徒步确实也与骑行环游世界拥有相同的冒险精粹。

“M25公路徒步？你们疯了吗？”

“那应该会比开车快。”

“在这样的天气？你们行，我就算了……”

这使人们发笑，让他们对我们的傻念头翻翻白眼，叫大家抄起手来，庆幸自己很快能回到温暖的车上，今晚会睡在温暖的被窝里。建筑工人、老男人们还有一对年轻夫妇都认为我们疯了，认为我们的想法荒谬可笑。而在一代人经历过的最糟糕的冬季干这种事，更是坐实了我们的疯狂。

但我们的徒步之旅是个即时的开场白。我们被大家用问题、怀疑和善意嘲讽轰炸。在未来一周，我们多次试图解释自己：说我们正在寻找一个近在家门口的具有挑战性的冒险，说我们想更多地了解自己的国家、遇见有趣的人并挑战自己。

培根三明治和茶上桌了。我们的帽子和手套在暖气片上冒着蒸汽。但真正温暖我们、加快我们的步伐回到M25的是善意的祝福，是我们制造的欢笑，以及我们真的是在进行一次冒险的感觉。就像所有的好行程，我们知道自己不能贸然行事，我们应该有开放的心态，跟大家都谈一谈。

最终，大约中午的时候，在2号枢纽，我们摆脱了达特福德和它杂乱无序的卫星城。我们把住宅区和死胡同抛在身后，跳过篱笆，穿过灌木丛生的旷野。只有拉车小马看着我们：乡野到了。

我一直很喜欢站在高速公路桥下。在你头上，受苦受累的人们疯狂地向着前方疾驰，一天24小时，渴望着自由。而在桥下，

该就能走完全程了。

沿M25公路走一圈可不是一件容易的事。公路几乎没有面向行人的设计，这也是可以理解的。匝道、立交桥和高大的围栏不断挡在我们面前。我们开始走下人行道，穿过住宅区和荒地，跨过树篱。前进艰难得叫人吃惊。但在缅街的角落，一家小餐馆证实了我对这次旅行的所有希望。身背大背包、里面满载远足装备的客人显然不是这家餐馆的常客。

“哎，伙计，关上那该死的门！”

我们解释自己在做的事，他们笑起来，说我们疯了。

“要两颗还是三颗糖？”

疯了，也许吧。但M25公路之旅是一次真正有趣而艰难的冒险。它对体力的要求严苛。我们发现了有趣的新地方和令人惊讶的

在世界看不到的地方，我们在巨型的混凝土板下躲避风雪。罗伯脱掉靴子，料理他酸痛的双脚。我浏览着千篇一律的单调涂鸦。无聊的小青年曾经来到这里，踩着水洼踢着易拉罐，抽着烟吹嘘女人和周六夜晚，在墙上签下他们千篇一律的单调人生的证据。我希望能带他们出去，到山上过一晚上，用一个新的视角看看世界。

“完全是偶然地，我们选择了30年来最糟糕的冬天里最冷的一周来进行我们的冒险。”

这只是午后，但在单色的1月白天，日光已在渐渐流逝。英国在新年庆祝活动后回到工作轨道上，而我们重归户外的思维和生活节奏。现代生活总处在永恒的贫乏中。我们生活在光明中，直到我们选择数小时的黑暗。室内温度全年保持不变，哪怕室外季节流转。冰箱保存着曾经被认为是季节性的食品，水从水龙头里流出来，而一年中的每一个夜晚，我们都得享用自己床铺的温暖和庇护。

但罗伯和我不得不回到古老的生活方式中，每天寻找食物和水，面临在反复无常的天气中保持温暖干燥的挑战，为每个夜晚寻求安全庇护所感到微微焦虑。所有这一切在刚离开伦敦市中心几英里就开始了，我们记起了1月份一天只有9小时日光的严苛限制，这将把我们每天的活动时间局限在9小时内。

我们穿过白色的原野，它们的沉默更增强了附近高速公路连续不断的嗡嗡声。即使是这个声音似乎也被降雪削弱。电线塔笼罩在黑暗中。我们嘎吱嘎吱地踩着根茬，走过积雪覆盖的休耕地，陷于一种令人迷惑的梦幻般的感受中。我们不知道自己在哪里，也不知道有什么在前头等待着我们。不过这无关紧要，只要我们沿着我们的道路走。

夜幕降临，我们把雨披绑在两棵树之间做了一个“巴沙”。家，甜蜜的家！我们躺在睡袋里，吃着“超级面条”速食面，对世界感觉良好。人一旦身上暖和了缩在床上，情绪就好得出奇，哪怕你的床是个露营袋，位于M25公路3号枢纽旁那白雪皑皑的树林里。

高速公路不会睡觉，汽车和卡车不停歇地呼啸了一夜。每当我醒来都会看看天上的月亮，它在天空中的位置让我对自己睡了多久有一个大概的了解。我也望了望高速公路。它总是活着，总在活动。漫漫长夜，唯一的骚动是一只狐狸。它抓住了机会，蹑手蹑脚溜过来，企图窃取我们包里的食物。这是野生动物的饥饿季节，也是长途步行者的饥饿季节，所以我把它赶走了，目送它偷偷潜入黑暗。

对于一个冬天的远征，愉快的方面是你可以有足量的睡眠。入睡12小时后，我们的闹钟响了。星星在黎明前寒冷的黑暗中熠熠生辉。地面上遍布着兔子、狐狸和鸟的足迹，它们是不为我们所知的夜间世界的线索。这感觉已经不再是一个人类主宰的世界。我们仿佛进入了西伯利亚的森林，或是时光倒流几个世纪，回到中世纪的肯特郡。

我们挤过灌木丛，低头躲过被雪压弯的树枝。我跳起来抓住一根枝条，撒了罗伯一身雪。公路以外，他的诅咒和我的笑声是唯一的声音。我们看不到人类的迹象。我们的足迹是唯一的人类印记。我们孤立于荒野中，离有数千人的高速公路不过二十来米远。

要达成每天走完4个枢纽的行程，我们意

识到自己必须徒步行进到入夜。这大大扫了我们的雅兴。于是每天我们就只是一直走，穿过冰冷的黑暗，直到完成足够的路程。我们每天清晨6点启程，夜晚11点才结束。我们到达红山（8号枢纽）时已是深夜。罗伯嘀咕着只要从这里走几小时就能到他家了。我们又冷又累，于是去一个小酒馆吃点东西鼓舞士气。

酒馆的女侍者给我们倒免费啤酒，一对友善的夫妇——罗南和海伦邀请我们到他们家留宿，让我们免遭睡在雪地上的命运。除了为温暖的睡眠和可以洗澡感到兴奋外，我们也很高兴发现在英格兰的城郊照样有友善的陌生人，就像那些在遥远土地上帮助过罗伯和我的人一样。冒险中最强烈的回忆往往是你路上遇到的人。

善意一路跟随我们。一位叫马特的男士从推特上知道了我们的方位，在一天清晨骑车出来找到我们，邀请我们去他家吃一顿煎炸早餐。我们发现只要你打破一点常规，做一点不一样的有趣的事情，人们就会做出回应，不管你在世界的哪个角落。

我们穿过算是中间点的泰晤士河，在希思罗机场附近一处人行道上吃着三明治，飞机在我们头顶呼啸而过。日子渐渐变成一个稳定的日常行程，一如每个远征冒险里那样。

我们在这趟旅行中学到了酒馆作为社区交流中心的重要性。一天晚上，当我们真的很萎靡的时候，我们去了里克曼斯沃思附近一个酒吧（17号枢纽）。一位女士请我们喝白兰地，酒吧的乐队献了一首歌给我们：《这些靴子为步行而造》。

一个城市商人喝完了他的啤酒，走过来

跟我们说我们可以在他积雪覆盖的草坪上扎营。他没有豪爽到邀请我们进入他家，但他确实曾在清晨6点出来，穿着四角裤，手上端着给我们的热茶，祝我们旅途顺利。

一天早晨，罗伯发现了一个被丢弃的儿童雪橇。他把我们的背包放在上面拖着走，仿佛我们正在去南极的路上。我在冰冷的风中皱起眉头，将雪橇拖过白色的风景。我又累又冷，但读了这么多年书，梦想了那么多年南极探险，我终于觉得自己像斯科特船长了！但我们徒步穿过的不是南极，而是赫特福德郡，在19号枢纽的某处。

过了一阵，雪橇坏了，罗伯弄来一台商场购物车，推着自己的东西走过灰色的街道，就像科马克·麦卡锡的小说《路》里走出来的人物一样。一位遛狗的女士垂下她的眼帘，快步从我们身边走过。显然，我们的地位正向着流浪汉堕落。

我们每天都吃的番茄酱三明治开始有点不够了，于是我们下定决心要到南敏斯服务区搞到一点难得的享受。我们在黑暗中行走，想象着温暖和食物。我们翻越了一片到处有恶犬警告的吓人的垃圾场，然后迷路了，在黑暗中无头苍蝇一样乱转，想要找到一条路能穿过A1高速公路到达服务区。最终我们成功了，疲倦地走进服务区的明亮灯光之中，心中充满了比世上大多数人都要强烈的喜悦。

我们不满足于在服务区吃晚餐，于是决定在停车场的灌木丛里睡觉，这样我们也就能在服务区吃一顿很棒的早餐。吃着早餐的时候，我留意到人们在避开我的目光；没有背包在一旁解释我肮脏、凌乱的外表，我看起来狂野、古怪又吓人。

“我们重归户外的思维和生活节奏。现代生活总处在永恒的贫乏中。我们生活在光明中，直到我们选择数小时的黑暗。”

在埃塞克斯郡，气温上升了一点，让我们不得不在泥泞的小道上跋涉。我们用塑料袋把袜子包起来，好让自己觉得干爽一点。睡袋是湿的，我们双脚酸痛，又开始老一套的牢骚抱怨起来。一位正在打扫马厩的女士瞧见了，给我们沏了杯茶。

“我儿子就像你们一样疯狂。他喜欢冒险。”她一边说，一边搅拌着茶水，“喝杯热的对你们有好处。”

我们走过6个不同的郡县，沿途遇上的风景，不管是自然的或是人造的都多姿多彩，有趣得令人惊异。而我们路过的住家里，不同类型的人之间区别之清晰也让我吃惊。萨里的士绅阶层、锡克教徒的聚居点、白领阶层，日子好起来的北伦敦男孩搬到了郊区……不同类型的住家之间只隔着很短的距离，但区别却清晰鲜明。

M25公路徒步的旅程经过深受人类控制的环境，但我也欣慰地看到自然的力量在起作用。我们可以建筑高速公路，通宵运送数百万人和数以吨计的工业货物。我们可以用街灯的光让星辰失色，却不能阻止地面被雪覆盖。积雪反射着橙色的灯光，因此夜晚也足够明亮，可以进行徒步越野。我们也控制不了刺痛了鼻子和耳朵、让我们渴望庇护的寒风。在我们右手边，红光与白光的洪流奔腾而过。没人知道我们就在这里，而我就喜欢这份无名感。

经过一周艰苦的行进，横跨泰晤士河的女王伊丽莎白二世大桥再次出现，巨大立柱映入我们的眼帘。我们走过了M25公路全部的31个枢纽，我们圆满完成了。

雪、野外露营、烤肉店、篱笆跨栏，还有商场购物车：这是充实的一周。我们很累，但也比想象中更欢欣鼓舞。我们成功地在房屋密集的现代英格兰寻获冒险。我们满足了自己的好奇心，证明了你只要从主干道、从其他人都在走的常规路线、从你总是在走的路往外踏出一小段距离，你就能用不同的眼光看世界。你能挑战自己，拥有一份全新的有趣体验。

这当然不是一段轻松的路线。在少有人通行的路段没有路标，没有人给你建议，你不知道下一个转弯会有什么。但如果你不介意路通向何方，也不在乎前方有什么等待着你，反而好奇想要去发现，那这会是一个徒步旅行一段时间的好方法。

余下的路程只剩过桥画完这个圆。我们知道桥是不允许步行通过的，但听过传言说交警会捎行人和骑行者过桥。在桥上，我们找到一个可以请求捎带过桥的电话。我们离终点如此接近，我渴望能洗个澡，吃点热食，渴望着回家。

“抱歉，”电话另一头的人告诉我们，“现在我们只允许捎骑行者过桥。行人是不允许的。”

“为什么？”我们问。

“卫生安全理由，朋友。”

这感觉上真是现代微冒险的完美句号。

如何拥有属于自己的微冒险

狂野英国

这本书有很大一部分内容聚焦在小片的荒野。不管你住在什么地方都能找到它们。

但在英国也有广袤而令人赞叹的大片旷野可供探索，所以我希望本地冒险也能让你对探索真正的野生区域产生兴趣。如果你发现自己在为英国旷野减少而沮丧，不妨考虑一下这些事实。

英格兰有9个国家公园，加上同等地位的诺福克郡与萨福克郡布罗兹湿地国家公园，它们加起来覆盖了8%的英格兰陆地面积。3个威尔士国家公园——斯诺登尼亚、彭布罗克郡海岸和布雷肯山——保护着20%的威尔士。苏格兰有两个国家公园：洛蒙德湖和凯恩戈姆斯。

在这之上，在英格兰和威尔士还有37处属于杰出自然风景区（Outstanding Natural Beauty，AONBs）的受保护区域，以及40处位于苏格兰的国家风景名胜区。单单在英格兰，AONBs覆盖了大约15%的国土面积。再加上郊野公园、地方自然保护区、国家自然保护区以及开放土地，感觉世界开始像一个更美好的地方了。这还没有提以下这些英勇坚决的组织：

- 约翰·缪尔信托基金（John Muir Trust）目前拥有并维护着英国一些最好的野生区域，包括斯凯岛库林山脉的局部、本尼维斯山、希哈利恩山、桑伍德海湾、阿西特的昆纳克，以及3000英亩的诺伊德特半岛土地。
- 国家信托基金（National Trust）拥有并管理着超过250000公顷的土地和近750英里长的海岸线。
- 苏格兰国家信托基金（National Trust Scotland）照管着200000英亩的乡野、46座门罗级山峰、394英里的山地小径和超过400个岛屿。
- 野生生物信托基金（Wildlife Trust）、林地信托基金（Woodland Trust）、英国皇家保护鸟类协会（RSPB）、野生动物计划（Project Wild Thing）和环保志愿者组织（Conservation Volunteers）都在全英进行着令人钦佩的工作。

而这无关规模。卡姆利街自然保护区的小块荒野是我在伦敦最喜爱的地点之一，这片位于国王十字车站后方的荒野在城市中的乏味一天后就是灵魂的慰藉。

这些机构照料着我们的野生空间，但它们也需要我们提高资金或时间来维持！它们都有自己的网站，方便我们取得联系。

如果你喜爱野生空间，那就考虑付出一些回报吧。加入一个团队！在圣诞节充个一年的会费或者在你的遗嘱里加上一个这样的组织。英国是一个未来还需要一代又一代人保护的特殊国家。

找一个靠近你的国家公园：

1. 布罗兹湿地国家公园
2. 达特穆尔国家公园
3. 埃克斯穆尔国家公园
4. 湖区国家公园

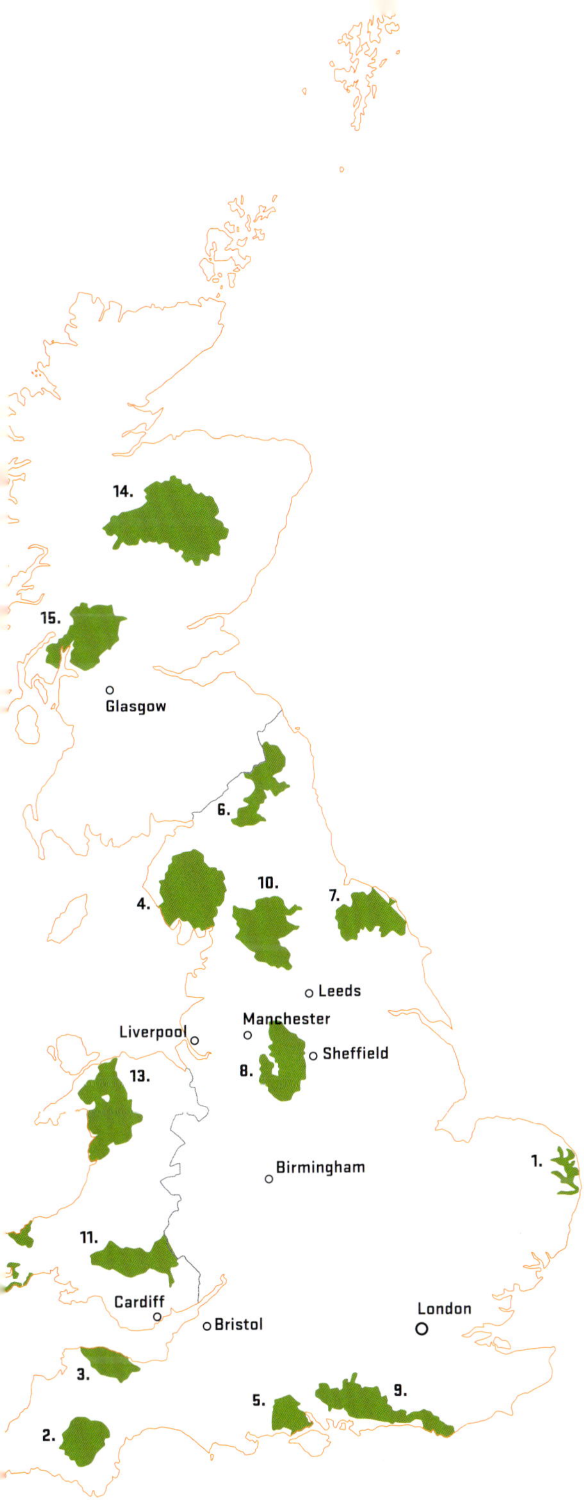

5. 新森林国家公园
6. 诺森伯兰国家公园
7. 北约克沼泽区国家公园
8. 峰区国家公园
9. 南部丘陵国家公园
10. 约克郡谷地国家公园
11. 布雷肯山国家公园
12. 彭布罗克郡海岸国家公园
13. 斯诺登尼亚国家公园
14. 凯恩戈姆斯国家公园
15. 洛蒙德湖与特罗萨克斯山国家公园

城市附近的野外空间

下面列出几个英国较大的城市附近可供周末探索的美丽去处。

- **伯明翰** 峰区、斯诺登尼亚、坎诺克蔡斯地区、莫尔文丘陵。
- **布里斯托尔** 布雷肯山、埃克斯穆尔、门迪普丘陵、威河谷地。
- **卡尔迪夫** 布雷肯山、彭布罗克郡海岸、高尔半岛、威河谷地。
- **格拉斯哥** 坎普西丘陵（见58~62页）、克莱德-穆尔希尔郊野公园、洛蒙德湖与特罗萨克斯山国家公园、克莱德走道。
- **利兹** 尼德谷地、约克郡谷地、霍华德山区。
- **利物浦** 湖区、博兰德森林、克卢伊德山脉、希尔布勒岛。
- **伦敦** 南部丘陵、七姐妹国家公园、北部丘陵、奇尔特恩、高威尔德地区、艾坪森林、阿什当森林、博斯希尔。
- **曼彻斯特** 湖区、峰区、斯诺登尼亚、博兰德森林。
- **谢菲尔德** 峰区、霍华德山区、林肯郡丘陵。

微冒险年历

用这份日历来帮助你策划一年四季的微冒险。

你可以到网上搜索每一个条目来了解细节。在合适的月份旁的页边空白写下你的想法，这能让计划和承诺变得更容易，也更有利于实现……

记住，每个月都有满月和新月，有大潮和小潮。它们都是适合计划微冒险的时机。

如果你想打印几份，可以在www.alastairhumphreys.com/?p=13567找到这个内容。

1月

- 元旦，在你本地的河流、湖泊或海里游个泳。
- Strathpuffer 24小时山地自行车耐力赛。
- 硬汉赛跑。
- 仲冬的鲍勃–格拉汉姆环绕赛截止日期。
- 冬泳锦标赛。
- 英国历史最低温：−27℃。

2月

- 威廉堡山地节。
- 爱丁堡山脉电影节。
- 朝圣者挑战赛。
- 温德米尔的冬泳大赛。
- 通常是最适合睡在雪洞里的月份。

3月

- 春分。（何不在今年的每一个分日和至日都到同一座山上睡一觉呢？）
- 埃克斯穆尔超级马拉松。
- 野生西洋菜的季节开始了。
- 迪韦齐斯至威斯敏斯特国际皮艇赛。（在复活节周末举办，有可能在4月举办。）
- 夏令时（日落有额外的一小时）。
- 海雀开始飞回陆地筑巢。

4月

- 迪韦齐斯至威斯敏斯特国际独木舟比赛。（在复活节周末举办，有可能在3月举办。）
- 荨麻汤的季节。
- 维京道超级马拉松。
- 野蘑菇季节开始了。（你得知道自己在干吗才能玩这个！）
- 谢菲尔德冒险电影节。
- 燕子来了。
- 风铃草的季节开始了。

5月

- 野蒜的季节。
- 马恩岛的“追日赛跑”。
- 伦敦–布莱顿挑战赛。
- 绍斯沃尔德码头至酒吧游泳赛。
- 凯西克山地节。
- 两个银行假日周末。

6月

- 夏至。在拉斯角，太阳于4点10分升起，晚上10点33分落下。
- 山行者挑战赛。
- 苏格兰西高地之路赛跑。

- 人马对决马拉松。

7月

- 树莓的季节。
- 毅行者挑战赛。
- 威尔士游泳大赛。
- 湖区100超级马拉松。
- “敦威治发电机”通宵骑行。
- 到海边去看姥鲨。

8月

- 野草莓的季节。
- 英仙座流星雨。
- 多塞特郡举办的冒险旅游电影节。
- 世界沼泽地浮潜锦标赛。
- 英国历史最高温度：38℃。
- 死神超级马拉松。
- 夏季银行假日周末。

9月

- 秋分。
- 图厅贝克举办的自我超越24小时场地赛跑。
- 秋分24小时马拉松。
- 黑莓的季节。
- 蒙茅斯皮划艇竞赛。
- Alpkit周末大冒险。
- 海水正是最温暖的时候，适合游泳。
- 燕子开始向南迁徙。

10月

- 七叶树果和栗子的季节。
- 坚持不懈24小时自行车赛。
- 世界七叶树果锦标赛。
- 国王森林耐力赛。

- 涉禽往河口及湿地迁徙。
- 夏令时结束（多一小时待在你的睡袋里）。
- 鲑鱼洄游开始了。
- 鹿的发情季节。
- 苹果的季节。
- 冒险电影节。

11月

- 黑刺李的季节。
- “一根线”募捐公益长跑。
- 肯德尔山地节。
- 皇家地理协会举办的周末探险活动。

12月

- 冬至。在拉斯角，太阳于9点10分升起，下午3点27分落下。
- 去看看壮观的椋鸟群飞舞。
- 环赫尔维林自行车赛。
- 在圣诞节早晨游泳或登山。

破除借口

我希望你会喜欢书里的一些微冒险，哪怕你从没做过类似的事情。如果你发现自己想要尝试却因担忧而犹豫，说不定还有一两个借口藏在心里，那就拿起笔填一下下面的内容。（你也可以到www.alastairhumphreys.com/?p=13631打印一份来填写。）

列出你想尝试微冒险的理由，同时列出你可能不会喜欢的事情，然后列出参加这样的冒险可能会给你的生活带来什么益处，同时列出所有长期困难以及它可能导致的问题。但愿列完后你脑海里对犹豫的原因更加清晰，也更清楚是否值得克服这些问题去实现你的微冒险。

你也可以在网上咨询其他人的意见，比如在微冒险脸书主页或通过#微冒险#话题标签在Twitter、Instagram和Pinterest上进行搜索和咨询。

为什么我想去微冒险？	**觉得自己不会喜欢的事。**
我会得到什么好处？	**可能出什么岔子？**

放下心来

《乡野及道路权利法案》《漫游权利法案》《开放土地法案》……对于那些对探索英国乡野所产生的法律后果感兴趣的人来说，以上都是重要的问题。如果你想要了解更多，请到网上搜索这些问题。但尽管土地准入的特定条款相当复杂，现实中在乡野应如何表现却很简单：尽可能跟随已有的足迹，不要对土地产生破坏或麻烦其他人。讲礼貌、务实、有教养、低调审慎，坚持做到这些你就不会有问题。

虽然在日落时把露营袋扔在一片未被污染的山顶上简单得令人陶醉，但睡在"野外"还是跟睡在正式露营地截然不同，大多数"露营者"会发现他们还得克服几个心理障碍。

- 从睡在帐篷里过渡到睡在露营袋里。
- 睡在野外的合法性与安全性。
- 用露营袋睡在室外的可行性。
- 野外露营的顾虑，特别是对于女性以及独自宿营的人。

所有这些都比你想象的要容易，尝试过以后你就会意识到它有多简单。以下是几个可以尝试并让你放心的提示。

- 就算我在野外睡过那么多个夜晚，我睡在露营袋里时仍会觉得比睡在帐篷里更暴露和更脆弱。这是个正常的感受，它也增添了孩童般的兴奋感，虽然幻想里的鬼魂和大蛇也从未真正离开！
- 我推荐你和一两个朋友一起进行第一次微冒险。你会感觉更大胆，不会那么容易退缩。
- 你比你可能感觉到的更安全。现实是你不用帐篷会更不那么引人注目（虽然对鬼魂和吸血鬼就不一定了……）。睡在露营袋里在山顶露宿很有趣，这可重要多了！
- 虽然鬼魂是不太可能，农民和清晨的遛狗人却很常见，但也没有多到可能在黄昏和黎明之间无意中发现睡觉的你。就算他们真的发现了，也更有可能觉得好笑或者好奇而不是生气或者危险。然而，安全起见，我通常会设法睡在不被人看到的地方。这可能意味着跳过小径旁的篱笆墙台阶，往树林里撤退几米或者走到沙滩的远端。
- 如果你特别紧张（可能这是你的第一次露宿，或者你身在一个房屋特别密集的地方），那就试试这个小窍门。找一个不错的睡觉地点，然后离开它——去一个小餐馆或者一处舒适的树丛——然后轻松一下直到日落。天一变黑，你就回到自己侦察的地点，破晓就起身离开。通过这个方法你能够安全地在世上几乎任何地方睡觉。
- 野外露营在苏格兰是合法的，但在英国其他地区则理论上不允许。英格兰的部分地区（比如达特穆尔和湖区），现在对野外露营也越来越开放了。但在整个英国（乃至全世界），当我很偶尔地被人“发现”在野外睡觉时，没人会赶我走、逮捕我或者表现出最低限度的在意。
- 对于在英格兰和威尔士哪里能在野外睡觉这个问题，答案有两个：严格根据法律意义来说，“几乎没有地方”（在没有得到允许时）可以；以及从事实上来说，“几乎哪儿都可以”。同样地，没人会在意你在海滩上睡个午觉，没有人会介意野外露营，只要你不直接躺在私人的土地上，或是没问过就靠近别人的家或者打扰到别人。
- 常识和礼节永远最重要。小心决定你的扎营地点是不是合适，谨慎地把你的露营袋藏在距离村庄几英里远的篱笆后，第二天一早就上路，这和在农庄隔壁的麦田中央竖起一座帐篷并点起巨大篝火可是有着天壤之别。

总的来说，第一次在露营袋里睡觉当然是个有点让人紧张的体验，特别是你所在之处并不十分荒凉的时候。但它同时也简单、低廉、难忘和自由得难以置信。只要尝试一两次你就能打消疑虑。

如何为晚五朝九冒险寻找合适的地点

在地图上查看你所住的地方，就像前面提到的，我用的是全国地形测绘详图，然后选择性地用必应地图寻找乡间的新去处。

（可以在www.bing.com/maps的Road下拉菜单找到。）但要记得即使是在数码时代，也没什么能比得上展开一张巨大的纸质地图，一边做着大梦一边把饼干屑和茶水洒在上面更美妙。所以好好地款待自己，买张纸质地图。然后打开地图，动手做个计划。

把地图显示缩小一点或者在你家附近滚动一下，直到你看见地图上显示有几个方块没被城镇覆盖。你并不需要比这更多的乡野。

在乡村地区的边缘找一个有火车站的小市镇或者村庄（当然，假设你坐火车旅行）。那就是你要去的地方，那就是你离开市镇进入乡野的传送门。跳上火车去那里，然后你就自由了！

外面有很多火车站和乡村地区，你可能会觉得有点被选择压垮。所以下面是一个缩小选择范围的方法：下次你在车站时，听一下报站这列车是停在哪里的？

选一个被乡村围绕的目的地，就选一个你以前没有真正留意到的，然后去那里，这目前就够用了。你的一生有很多时间足以寻得真正美丽的微冒险。难的是不要去追求大片的荒野和绵延10英里的风景。难的是开始第一次微冒险，打破惯性，积累动能。所

“但要记得即使是在数码时代，也没什么能比得上展开一张巨大的纸质地图，一边做着大梦一边把饼干屑和茶水洒在上面更美妙。”

以，任何一处乡野对你的第一次晚五朝九冒险都是足够好的。

现在想一想，从那个车站到你要去的地方，你希望步行或骑行多远来缩小你睡觉地点的搜索范围。（如果你想骑行，要记得，在英国带你的自行车上火车要经历单调得难以忍受的繁文缛节，特别是你要在高峰时段坐车回家的话。从车站骑行或全程步行回家可能对你更好。我很难对带自行车上火车给出一个全面的建议，因为每家列车公司都有不同的政策和时限。）

“你的一生有很多时间足以寻得真正美丽的微冒险。难的是不要去追求大片的荒野和绵延10英里的风景。”

如果你在网上搜索英国全国铁路自行车政策，你会找到一个门户网站，它能告诉你要乘坐的列车公司有什么特定的骑行政策。（见www.nationalrail.co.uk/tocs_maps/tocs/TrainBperators.aspx）

你已经把范围从整个国家缩小到你地图上的一个小圆圈。恭喜！你已经准备好去进行第一次晚五朝九冒险了。接下来几页会帮助你微调到你要睡觉的确切位置。

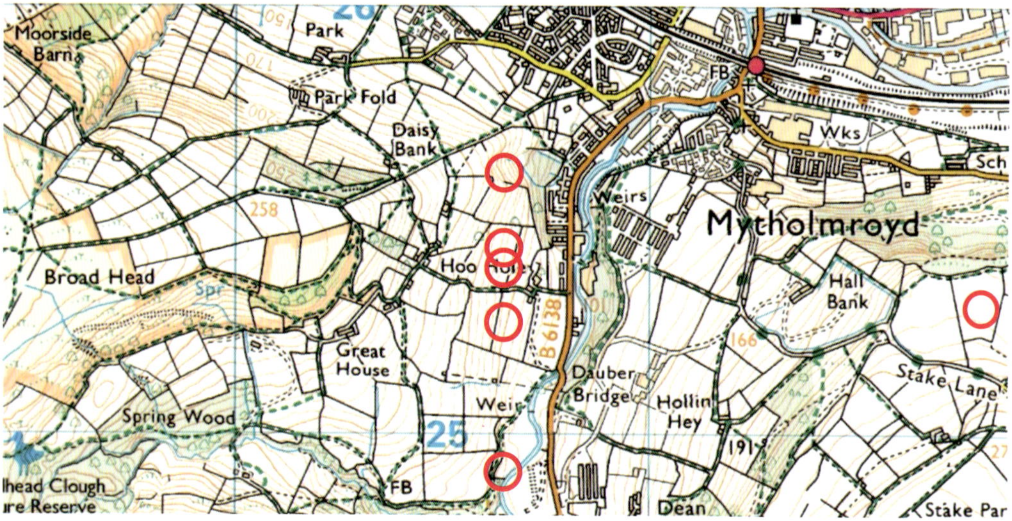
26
Moorside Barn
Park
Park Fold
Daisy Bank
258
Broad Head
Hoo Hole
Great House
Spring Wood
Weir
25
FB
B 6138
FB
Wks
Sch
Weirs
Mytholmroyd
Hall Bank
166
Dauber Bridge
Hollin Hey
Stake Lane
Dean

如何找到过夜的确切地点

一旦你确定第一次晚五朝九冒险要去哪里，你可能会需要一些提示来帮助自己找到完美的野外露营地点。在地图上找到一个合适的睡觉地点时，要留意的标识包括：山顶上有一片平地的大量等高线（一座山）、标志着树林的绿色区域、标志着水域的蓝色区域，乃至远离住家的田野后可以庇护自己的围墙。离开路人踩出来的小径道路走向更安静的区域，在小径上漫步大约半英里，你肯定就能找到一个好地方躺下来。

在地图上，我在一处乡村地铁站附近圈了几个看起来不错的地点，以便你了解这有多简单。我从未到过这个地方，但我很自信所有这些地点都适合过夜。记住：几乎没有人会来打扰你，即使他们知道你在哪儿，其实他们也不知道你就在那里。还有，因为你是晚上到，早上走，不留任何痕迹，非常遵守礼节也很礼貌，你也不会打扰到任何人。

另一边的卫星图片显示的是它下方地图上的同一片区域。尽管在这个视图中很难找到睡觉的确切地点，但它却因为一个重要的原因而很有帮助：它让我确信在这片区域找一个偏僻、漂亮的地方睡觉超级容易。我不会惹任何麻烦，没人会来打扰我。我只需借一点亮光，靠直觉找一处看起来喜欢的地方，我知道事情会很简单。

但如果你恰好在黑夜到达，那整个过程就更简单了。黑暗是微冒险者的好朋友，因为一旦黑暗降临，你就可以漫步离开市镇，手里拿着炸鱼薯条，睡在你找到的第一处安静的地方。没人会看到你，你也没有打扰到任何人。睡个好觉，享受日出，然后走人。就这么简单。

“黑暗是微冒险者的好朋友，因为一旦黑暗降临，你就可以漫步离开市镇，手里拿着炸鱼薯条，睡在你找到的第一处安静的地方。”

就像生命中的很多事情，对野外露营的预期总会比实际艰难。我在4年的环球骑行里，大部分时候也是这样的。年复一年，我每天早上出发，不知道自己晚上会睡在哪里，还常常是身处被他人标记为“危险”的国家里。开头几天，我会因此担忧。渐渐地，我改变习惯了，然后我开始享受一种日常生活里几乎无法找到的自由的感觉。我爱我的野外露营生活，但若要真正地让你相信其中的乐趣远远大于担忧，唯一的方法是鼓励你自己去尝试一下野外露营。一旦试过几次，你就会克服自己的紧张情绪，享受找到一处好地方的满足感。

别太焦躁。出门就是了。如果星星点亮了夜空，你身下的小草柔软，那不管身在何处，你都会拥有第一次兴奋而难忘的晚五朝九冒险。

到了早上，当你乘火车回去上班，办公室里的人都会觉得你疯了，但他们会留下深刻的印象，也会觉得忌妒！把你的照片发到网上，加上#微冒险#的话题标签，然后让其他人忌妒去吧。

睡在野外的艺术

寻找诗意的地方睡觉是一门艺术。走进荒野能对此有帮助，但这门艺术中还有更多的东西。一旦你破解了它，世界将对你敞开。

我很自信地认为，在世界上几乎任何一个地方，我都不会离独享一片安静的原野以及落日太远。这给我省了钱：如果需要一早去什么地方，我很可能会在河岸上度过夜晚，而不是花50英镑住在乏味的连锁旅馆里。我曾经在一个海边酒店里的一个打黑领带的上流活动中进行演讲。从车站往酒店走的路上，我看到了一片安静的海边草地。演讲以后，我溜进夜色里，睡在星空下，然后在日出时畅泳。这比在酒店房间里过一夜更让人难忘。（此外，微冒险让你从不同角度思考冒险的花销。用最便宜的酒店价格，我可以进行跨越英伦的骑行之旅，或者到法国进行一次周末微冒险。）

睡在野外也让我避免陷入疯狂。当现实世界为了某个理由威胁着要碾碎我，它会让我逃到单纯的新鲜空气和不一样的风景中。

野外露营改变你观察世界的方式。如今当我在一辆车里，我常常发现自己在驶过某个地方时想，“这会是个过夜的好地点。”它也增强了你行动的自由，因为它能帮你到更偏远的地方冒险，而不是被正式的露营地所束缚。当我绕着怀特岛骑行一圈（见152~157页），我遇见了另一个羡慕我会一直骑到小岛南岸的骑行者。他那晚要回到自己的营地，而我则能自由地想骑多久就骑多久。

然而，如果你还是野外露营的新手，那出门去一个从未去过的地方、寄希望于找到一处安全舒适的地方睡觉，这听起来令人怀疑。但只要你掌握了门道，这真的既不可怕，也不特别困难。

对于你的第一次野外露营体验，我推荐你与朋友同行。第一次躺在露营袋里睡在山上，你可能会觉得很紧张。甚至理智的成年人也会发现自己在担心会有斧头杀人狂出现，尽管你离最近的人类有几英里，而离最近的斧头店则更是遥远。成年人一样会被树枝折断的声音吓得跳起来，所以带一个朋友同行吧。你们可以互相鼓励，彼此提供合

理的解释；在一起你们会发现，一个白天美丽而荒无人烟的孤独山顶在夜幕降临后也没有变成鬼魂和吸血鬼的聚集地。比起在城镇里，你在一个空旷山顶上更安全。

找个地方进行野外露营要进行折中：你会选择一个旧谷仓或是悬崖的背风处作为庇护所以防下雨吗？或者你会为了能看到满天星斗而赌一赌睡到空旷的地方吗？如果天气没变坏，景色将会辉煌壮观，但如果天气变坏那就惨了。避免吹风能让你更容易保持温暖，所以如果你打算在山顶露营，考虑在背风坡处再往下走几米。如果你在海滩上睡觉，要睡在高潮线（位置最高的漂流物和海草）以上。不这样做你就是个白痴。这些事情没有一件难的：常识、一点装备和一点干劲就是你所需的全部，足以让你欣赏到前所未有的清晨美景。

“在想象中我们倾向于认为每一丛灌木篱墙、每一片杂木林都有愤怒的农民、警察或者斧头杀人狂在徘徊。这是胡说八道！”

你可以在离城镇和村庄近得出奇的地方找到安全、舒适的野外露营点。沿着路人踏出的小径往外走一段距离，然后溜到树篱或者灌木丛后面。没人会看到你，没人会从这里经过，没人知道你在那儿，你很安全。我在很多房屋密集得荒唐的地区睡过，包括马拉加市中心的一个建筑工地，乃至迪拜城外围一条机动车道的坚硬路肩。在想象中我们倾向于认为每一丛灌木篱墙、每一片杂木林都有愤怒的农民、警察或者斧头杀人狂在徘徊。这是胡说八道！想想看大白天时那些人有多罕见。他们在夜晚更加稀少。就像所有人（除了你和我以外）一样，他们也喜欢晚上在自己的床上睡觉，被糟糕透顶的电视节目催眠。所以别担心！用好你的常识，谨守礼节，如果要征得什么人同意，那就去请求他们的许可。但别想太多。你在山顶躺下睡觉时会觉得非常的脆弱、显眼又有点傻气，但很快你就会放松下来，享受身处自然之中的新奇。

晚五朝九冒险的装备清单

微冒险的要点在于你开始并不需要多少时间、金钱或者专业装备。

以下是你第一次晚五朝九夜宿的必要装备，还有一些额外的物品是你可能会在预算充裕或热情高涨时想买的。更长的微冒险可能需要更多专业装备，还有急救包，可能还需要一些维修工具。但是，本章节的建议只针对晚五朝九冒险。

请不要推迟，也不要觉得自己负担不起一次微冒险。你可能会发现，自己已经拥有基本装备清单上的大部分物品。如果你需要任何物料对户外装备进行改装、升级或修理，请浏览Pennine Outdoor的网页。你也许能从朋友那里借一点，而你需要花钱的东西可以用低廉或者二手价格购得。而且，eBay上可能已经到处都是没人要的户外装备。它们的主人看了这本书后可能买了很多装备，然后淋了雨或被蠓咬了一顿后就发誓再也不尝试这个愚蠢至极的主意了！

基础装备清单

1. 背包——大体上来说，30升的背包大概已经足够应付你第一次冒险了。在背包里面用垃圾袋把装备包严实以确保防水。
2. 睡袋——别买太专业的。如果你担心睡袋保暖性不够，就尽可能在必要范围内多打包几件套头衫好了（更多睡袋的建议请见213页）。
3. 橙色紧急避难袋——当露营袋用，用来在潮湿天气保护自己。网上订购，或者去露营商店花几英镑就能买到。将它套在你的睡袋外面（如何使用露营袋请见210~212页）。

4. 泡沫睡垫——对睡个过得去的觉必不可少。把它放在你的睡袋外面，橙色救生袋的里面（更多信息请见211页）。
5. 手电筒（记得要检查电池电量）。
6. 雨衣（就算是冬天也要带）。
7. 绒线帽（就算是夏天也要带）。
8. 晚上穿的保暖衣物（用一件多余的套头衫当枕头）。
9. 不用煮的食物。或者出门前先吃饭。回家先吃早饭。
10. 水——两升就足够了。
11. 已经挤好牙膏的牙刷，用保鲜膜包起来，早上用。
12. 情况许可的话，带上点篝火用的火柴（生火建议见227页）。
13. 卫生纸卷——虽然你可能会听从你妈妈的建议出发前先去洗手间（上厕所技术请见249页）。
14. 笔记本和笔——就算你从没写过日记，这也是个记录一些观察、想法和决心的好机会。
15. 相机——照些神气十足的自拍和美丽的日出（记得打上#微冒险#的话题标签）。用塑料袋包好，以防碰上大雨连绵的惨境。

告诉别人你要去哪里，什么时候回来，然后就出发吧！

下一步：
把前面提到的都带上，再加上……

- 野营炉和打火机（野营炉的建议见223页）。
- 瑞士军刀或者莱泽曼多用途工具刀。
- 平底锅——带你家里已经有的，除非你要在明火上煮食，明火是会烧坏平底锅的。
- 简单的食物，比如泡面或者意大利面加上金枪鱼或者青酱，茶和咖啡，麦片粥。
- 杯子。
- 勺子。
- 真正的露营袋（而不是容易弄得汗津津的橙色紧急避难袋）。
- 可以做成顶篷的防水布，以防下雨（建造“巴沙”的方法请见217页）。

奢华的补充：
带齐上述装备后可以再加上……

- 整管牙膏。
- 带自充气睡垫而不是泡沫睡垫。
- 摩卡壶。
- 枕头或充气枕。
- 睡衣/换洗衣物。
- 带一两罐啤酒，带一瓶旋盖的红酒或者装在随身小酒壶里的威士忌，或者前面说的都带上。
- 干净的裤子（变冷的时候，它们可以被叠起来当作一顶额外的帽子。早上回归文明社会时记得从头上摘下来就好了）。
- 为一顿美妙的户外野餐准备的调料（篝火烹饪建议请见228~229页）。

反装备清单

有一件跟知道冒险该带什么一样重要的事，就是你该知道不需要带什么。

- 不要带你“可能”会需要的东西——那是妈妈们在全家出行时操心的事。相反，听从精彩的微冒险书籍《三人同舟》里的明智建议：我们必须不去想自己可能会做的事，只能去想我们不能不做的事。
- 昂贵的户外专用服装和装备。马洛里和欧文出发去攀登珠穆朗玛峰时，身上只穿着花呢和羊毛套头衫。好吧，这么穿的后果不太好，但我希望你能理解我要表达的观点。
- 昂贵的专家级脱水露营餐。斯科特船长远征南极的口粮包括饼干和巧克力。好吧，这么吃的后果也不太好，但我希望你能理解我要表达的观点。
- 大量的备用衣物。当然，带够衣服保证自己舒适温暖是应该的，但你是在斯文顿而不是西伯利亚的话，大概就不用在仲夏还往60升背包里塞满衣服。但也要记住穿着湿衣服睡觉是不好的，所以如果潮湿天气要来，记得确保你有足够的备用干燥衣物来保证温暖度夜。如果天气暖和，你可以在晚上脱掉湿衣服睡，而不是带一套备用的。早上再穿上湿衣服的感觉糟透了，但这样的不适也只会持续几分钟。
- 带多少备用衣物取决于你的个人卫生程度，以及你下一天要去的地方和要做的事。如果第二天需要演讲，我就经常要带上一套西装。但如果可以直接回家，那我甚至不会考虑带干净的袜子或者内衣裤。这事别告诉我妈！
- 能带昂贵的摄影器材去微冒险当然不错，但不要以为你要用昂贵的器材才能拍到好照片。今天大多数手机都能拍出质量不错的图像和视频。我环约克郡骑行的所有照片（见74~79页）都是用手机拍的。重点是站在正确的位置和有创造性，这永远胜过一个坐在屋里电视机前的单反相机拥有者。
- 别带太多化妆品和洗漱用具。你只是在山上睡一晚，不会呈现出自己最美的一面的。睫毛膏也不会改善这种状况，先生！你要是受不了就戴一顶绒线帽和一副墨镜直到可以洗澡为止。
- 理论上能帮你度过末日的求生装备是用不着的。只要记得带个开罐头器或开瓶器，你大概就已经带够雷·米尔斯式的装备了。换句话说，一把折叠小刀、一个打火机和一个勺子通常就是你所需要的全部了。

微冒险的目的不是在山顶复制你的家。它的目的是削减、舍弃物质，回归朴实，回归极简，提炼并触及本质。无论如何你可以尽情享受，但享受的同时也维持一定程度的简朴。毕竟，收汁后的酱汁尝起来味道层次更丰富。

这份清单并未详尽所有。它的功能只是为了让你质疑自己放进包里的装备。每放一件东西进背包，问自己以下这两个问题：

1. 我不带这个会死/失败吗?
2. 不带这个会大大地降低我的乐趣吗?

如果你没有对其中一个问题回答“是”，那就别带它了吧。

露营袋棒极啦

如果你只买一件装备来改善你的微冒险体验，那就买个露营袋吧。它们棒极啦！

诚然，如果天降大雨那你在露营袋里也不会度过人生中最惬意的夜晚，但你会有一个逗笑人们的故事可讲，那总是有点价值的。露营袋是大多数微冒险的基本要素。它们完美地契合微冒险的精神——简单、低廉、不麻烦，且有一点傻气。

把露营袋想象成你睡袋的雨衣。它是一个薄薄的防水袋子，套在你的睡袋外面，让你可以不用帐篷也能在野外享受一个干爽的夜晚。就像所有户外装备一样，露营袋也有不同的价位和质量。

以下是露营袋相对于帐篷的优势：

- 露营袋比帐篷便宜。
- 露营袋比帐篷小得多。
- 露营袋比帐篷更容易打包、携带、晾干和储存，因此更适合麻烦少的微冒险。
- 露营袋是一个非常私密的空间，能让你睡在一小块平地上。
- 在露营袋里，你不像在帐篷里那样与环境隔绝。在帐篷里时，你基本上等于是身处一个垃圾版本的室内环境。如果你希望躲避户外环境，躲避天空和世界，那你还不如待在家里算了，省得有好房子不睡却要睡在一个拥挤、潮湿、轻飘飘又粗笨的“家”里。在露营袋里，你是真正的身处户外。你能感受到微风拂过脸颊，你能抬头仰望星空，然后早上在绝美风光中醒来。

- 露营袋里的一夜感觉比帐篷里的一夜更令人兴奋也更狂野。虽然我想这大概还取决于你在帐篷里干了些什么，毕竟露营袋里是干不了什么事的。

露营袋也有一些缺点。如果下雨，比起在帐篷或者五星级酒店里，你的夜晚会不那么舒适。强调这一点是应该的，在狂风呼啸、雨顺着你脖子往下淌时，在露营袋里过夜是不可否认的糟糕体验。如果降水天气有可能发生，你应该明智地考虑弄一顶“巴沙”（见217页）、帐篷，或者干脆就待在家里的电视机前。然而，鉴于本书是为了唤醒我们所有人内心潜藏着的那个傻子，我会继续给露营袋唱赞歌。那些温暖干燥的星空下的夜晚激动人心，值得为之偶尔碰上几个糟糕的夜晚。最后，即使最好的露营袋也会造成你的睡袋结露。这对一晚的旅行不是个大问题，但对于更长的旅程，大多数时候你都要把睡袋挂起来晾干。

选购露营袋并不容易。保持干燥的最简单方法是用一个橙色的紧急避难袋。反正你要上山的话，它们就是非常便利的工具。这些不透气的袋子的最大缺点是到了早上，你会发现自己的身体在一夜之间能产生多少水汽！你的睡袋会变得相当潮湿，但只是一晚的微冒险是完全没有问题的，而且它们只需花几英镑就买得到。

如果你对质量更好的露营袋感兴趣，那就需要考虑重量、透气性、防水性和价格等因素。网上搜索“该买哪个露营袋”能帮你找到特定的品牌和新型号。British Army的露营袋真的很不错；它们用戈尔特斯面料制成，颜色是低调的绿色，体积庞大（既是优点也是缺点）。在本书的微冒险里我也用过Alpkit、拉伯（Rab）、Mountain Warehouse和Mountain Equipment的露营袋——它们的价格都很多样化。带头罩箍的露营袋也是一种选择，特别是在多蚊蠓的季节，虽然它们更接近于一个小型个人帐篷。最后，如果你想在微冒险中打开一个全新的世界，可以买个双人露营袋……

但愿我已成功说服你去买一个露营袋。如果确实如此，那下面是一些如何用好它的建议：

- 露营袋要套在你的睡袋外面。真的有人这么问过我！如果你是个有条理的人，最好在离家之前就把露营袋套好，而不是等到黑暗和大雨降临才来干这事。
- 把露营袋一直拉到你头顶，拉绳按照你想要的尽可能收紧，然后把你的头缩到睡袋的头罩里。做到这个需要你扭动一下身体，但尽可能留点缝隙通气，以减少水汽积聚而结露。你很快就会克服幽闭感了！
- 我一般把睡垫放在露营袋外面，但如果天气很糟，或者你睡觉会滚来滚去，或者你有个足够大的露营袋的话，或者你喜欢的话可以把睡垫放在露营袋里面。
- 带个能防水的大袋子，如垃圾袋，晚上把你所有其他的东西放进去，包括你的背包。我经常用靴子和背包当枕头，虽然更聪明的人可能会想出更舒适的解决方案。

- 在露营袋里过一晚比在帐篷里冷，所以一定要确保你带够保暖衣物。不管是什么季节，我都会戴一顶绒线帽子。即使是在夏天，把它拉下来挡住眼睛还能让你不至于天刚亮就醒来。
- 早上打包行李的时候，直接把睡袋和露营袋塞到背包里。确保你从露营袋“脚”的那边塞起，否则睡袋会变成一个塞不进包里的大气球。
- 回到家以后，确保在把睡袋和露营袋收起来之前先把它们挂起来彻底晾干。

只要你第一次微冒险的天气还好，我相信你会认可一个露营袋是你能做的最好的微冒险投资之一。

睡袋

选择睡袋是最棘手的装备选择之一。在装备的梦想世界里，你可能会拥有的：

- 一个小的单季型羽绒睡袋，用于超轻装的夏季户外活动（或者再加上羽绒服和丝绸睡袋内胆）。
- 一个两季型羽绒睡袋，用于更休闲的夏季户外活动。
- 一个两季型合成纤维睡袋，用于潮湿天气的夏季户外活动。
- 一个三季型睡袋。
- 一个非常昂贵的全季节型羽绒睡袋，用于偶尔碰上的非常寒冷的夜晚。

显然，这对大多数人来说是不现实的，因此选择睡袋完全在于折中。一般来说，随着价格上涨，睡袋的温暖程度会下降，温暖程度与重量比也会下降。另一个极大地影响睡袋价格的因素是填料用的是羽绒还是合成材料。羽绒更保暖、更轻，也更贵。但它在潮湿天气下的表现却很糟糕，而在这种天气下合成纤维睡袋是更好的选择。

我一般选择轻型睡袋，加上穿更多的衣服。让一件装备适用多种用途是很重要的。羽绒外套不管是在宿营还是在睡觉时都能穿，但一个沉重的睡袋就只对睡觉有帮助了。然而，几乎没有什么比那些漫长的夜晚更可怕：你身上穿着所有衣服，缩在睡袋里，连俯卧撑都做过了还是冷得吐血；你痛苦地熬过漫长的夜晚，等到黎明降临，心里想的只有出门前为了减轻一点重量而留在家里的那个又大又蓬松的睡袋……

如果你只是为微冒险而不是一个长途探险选购睡袋，我会建议你用自己已经有的，然后必要衣物能带多少带多少，而不是购买一个新睡袋。如果你不打算经常使用，没有必要只是为了一点点额外的温暖或节省重量花大价钱。说真的，随便一个旧睡袋，加上绒线帽子和几件毛衣就行了。

如果你决定买一个新睡袋，你需要回答以下这些关键问题来帮助自己缩小选择范围：

1. 你要用睡袋的时候通常是什么气温？
2. 你要面对的最低气温是多少？（换句话说，就是你需要多少防护来保证自己不会死？）一般来说，有点惨是可以接受的，但不能死。
3. 你是通常会碰上干燥天气（买个羽绒睡袋）还是潮湿天气（买个合成纤维睡袋）？
4. 你想花多少钱？

几年前在冰冷的北冰洋，我用了一个衬绒内胆和一个巨大的四季型合成纤维睡袋。划船横跨大西洋时，我用了一个从乐购买的睡袋。换句话说，睡袋合适与否很大程度上取决于你打算把它用在哪儿。

睡垫

睡垫是你能买到的最重要的装备之一。它是帮助你获得一点像样睡眠的关键，除非你正躺在石楠丛或欧洲蕨丛这样的奢华享受之中。不像很多户外活动装备，选择买哪种睡垫并不是件非常复杂的事。总的来说，就是一分钱一分货。

在选择睡垫时，你要看下列哪个因素对你最重要：

- 价格
- 重量
- 打包后的体积
- 耐用度
- 舒适性

一个非常基础的权宜之计是用一大块气泡包装纸，那种泡泡大的最好用。我想如果你要拿个易碎的花瓶上山的话，这会是个很适宜的做法吧。你也可以清空背包躺在上面，或者睡在备用衣物上来获得一点缓冲和温暖。

最简单的正式睡垫是泡沫防潮垫，起价5英镑左右，就是你看到的小学生在爱丁堡公爵奖励计划的远足中卷起来绑在背包上的那种。它们就是一块泡沫垫，能够保温和给你打地铺时垫着。价格越高的越保温，泡沫垫也越厚实。可以把睡垫裁到你所需的大小来减小体积，它们是最便宜也最耐用的睡垫。如果你要睡在石头很多的地面上，那耐用性是非常重要的。譬如我在北极探险，或者戈壁探险中用的就是这种。

另一类睡垫是自充气型的。不要把它们和你有客人留宿时从阁楼拖下来的又大又笨重的气垫床弄混。一些自充气睡垫打包后体积很小：我手上最小的一个体积跟一罐啤酒差不多，比一罐啤酒还轻，在山顶上也比一罐啤酒更受我珍爱。想好你是要买全长还是3/4长的（我从没买过全长的），还有你是比较在乎打包后的体积还是价格。这将有助于你缩小选择范围，确定哪些品牌和型号最适合自己。我在骑行环游世界和徒步穿越印度时用的就是这样的垫子。

好好睡一觉

不瞒你说，你在五星级酒店会睡得比在原野上更好。但景色的话，还是原野上更胜一筹，而且花费也更低。因此，这里有一些方法来改善你在野地里睡眠的质量。

请确保你足够温暖。我在年轻的时候以轻装上阵、对自己狠一点、挑战自己的名义忍受过许多严寒的夜晚。我是个白痴，或者说以前的我是个白痴。请带够温暖衣物。

如果你半夜冻醒，别光躺着发抖，强迫自己起床多穿点衣服。说比做容易，但还是值得做的！为了能在余下的夜晚获得温暖，花5分钟麻烦一下抖一抖还是值得的。我好不容易才掌握了这门艺术，它真心是宝贵的一课。

请确保你有一个睡垫。一个好的睡垫是值得购买的。我以轻装上阵、极简主义、挑战自己、给了一个女孩子来讨好她的名义不用睡垫的夜晚，全都成了一场悲惨的灾难。

充气枕头也会是个很好的投资，要不就把一些备用衣物在防水包里打成捆。我不得不用自己的鞋，或者一罐啤酒来当作枕头的夜晚都很不愉快。

花点时间找平坦的地面睡觉。地上的小小凸起在夜晚会感觉格外硌人，地面的坡度也会带来同样的感受。

我通常会在睡袋里用一个丝绸睡袋内胆。它有助于保持睡袋清洁（清洗睡袋是一件麻烦事，对睡袋也不好），也提供了一点额外的温暖。

别穿着湿衣服睡觉。睡觉前先换上干衣服，或者干脆裸睡。第二天早上再忍一忍把湿衣服穿上。这个做法有益身心。其实可能并不有益身心，但穿起来是把你的湿衣服弄干最好的办法了。

装备要储存在防水包里保持干燥（见216~217页）。一个湿乎乎的睡袋能让人狼狈得目瞪口呆。我很同情这种遭遇。除非睡袋是因为你储存不当而弄湿的，那种我就不同情了：等着吃苦头换教训吧……

尽管我反复保证户外的夜晚也并非到处是可怕的爬虫和闹鬼的东西，但它往往吵闹得惊人。如果你睡得很浅，那还是戴上耳塞。还有，戴眼罩在夏季是个好主意，虽然我通常会把绒线帽子拉下来遮住眼睛。

在所有天气下保持装备干燥

即使是在夏季，采取预防措施来保持装备干燥也是值得的。没有什么能比一个湿漉漉的睡袋更能毁掉旅行的心情，你可能会突然遇上倾盆大雨，也可能在过河的时候掉下水（虽然这对你朋友来说可能很搞笑）。因此，用防水包是个值得养成的好习惯。它不仅能保持装备干燥，也使得打包和拆包行李变得简单。比如，我有一个包装睡觉用的装备，另外一个装相机，其余类推。

无论你是漂流、游泳，还是单纯地出门走走，没什么比一个卷盖式防水包更能保护你的装备。它们有大小、耐用性和防水性等性能各异的多种型号可供选择。如果你是把防水包放在背包内，那耐久性也不是什么大问题，但如果你的包有可能被岩石、树枝和荆棘刮破，你会需要一个更结实的型号。

正确使用防水包至关重要，也很简单。把你所有的东西放在里面，尽可能把软的（比如夹克或睡袋）放在顶部，保持密封性。小心地把顶盖放下来，把带扣扣好。

购买防水包时要仔细留意它声称的防水性到什么程度。如果有疑虑，可以使用两个防水包，把一个套在另一个的外面。用于简单的过夜旅行或者即兴游泳到一个小岛的话，也可以用一个垃圾袋代替防水包。把袋子开口扭几圈扎紧，以确保其完全密封。如果你在扎紧袋口前留些空气在袋子里，它就能在你游泳时稳稳地浮在水面上。

躲避风暴

我爱露营袋，也相信它们对本书的精神不可或缺，但碰上倾盆大雨时，它们还真的不怎么好玩。也许有利于磨炼意志。但好玩吗？并不。所以，如果天可能要下雨，你就要考虑扩充微冒险的装备清单（见204~208页），加上一顶“巴沙”。

“巴沙”是军队俚语，指用防水布搭的简单庇护所。将它恰当地搭建在你的露营袋上方后，哪怕下大雨、下雪你都能有不间断的良好睡眠。一个干爽的夜晚值得你花点小钱，多带几百克负重，然后费点工夫把它组装起来。

（但是，如果你渴望花大笔金钱，那么反过来说，专家级防水布庇护所诸如MLD Trailstar或GoLite Shangri-La就真是太棒了。）

以下是建造“巴沙”所需的材料：

带孔眼的防水布。一镑店、五金商店或网上都有售。颜色和大小都由你决定，但2.5米×3米（8英尺×10英尺）就是个挺奢侈的大小了，也足以容纳两个人。

弹力绳。你至少需要两条，但带够6条可以增加你搭建方式的选择。

帐篷钉。你需要至少两根，但带够6根可以增加你搭建方式的选择。或者你可以用树枝代替。

绳索。不是必需，但它有助于增加你搭建方式的选择。

你想怎么搭一个“巴沙”都可以，就看你把它挂在什么上面。你要做的是在睡觉地点的上方制造一个屋顶。篱笆、树木、墙壁甚至是自行车都可以使用。你只需要找到一块能躺的平地和几个绑防水布的点。请记住，如果雨真的很大，地面上也会有水流。请确保你躺的地方不是潜在的溪流或池塘！确保落下的雨或雪会顺着防水布流走，而不是在你头顶形成一个又大又有潜在风险的水池子！

而如果天气糟糕透顶，不要忘了一句老话，整惨自己是傻子都会的事！找家民宿，撤退回家，或者干脆推迟微冒险都是选择……我也不会认为你是胆小鬼。基本不会吧。

爬虫怕怕

我听说的不想睡露营袋的一个常见的理由，是怕夜晚的爬虫！这就像对斧头杀人狂和撞鬼的担忧，需要一点不歇斯底里的理性思考来克服。英国不是澳大利亚。我们有的是潮虫和蠕虫，不是箱形水母和黑寡妇蜘蛛。就算是我们唯一的毒蛇——蝰蛇也是如此的胆小，你要遇到一条都得费老大劲。

但是在英国通常很温和的野生动物中有一个例外，那就是卑微的蠓。不要小看一只蠓。虽然体形细小，但蠓可以把最沉着冷静的生物变成乱扑腾的狂暴野兽。蠓多见于夏季的许多农村地区，尤其是在北方，蠓可以毁掉一个愉快的户外夜晚。

有一些预防措施可以帮助你减少蠓带来的痛苦。蠓会被黑色的衣服吸引，所以穿着最好是浅色的。它们在温暖无风的清晨和傍晚更加活跃，所以在那些时段要尽可能保持移动或留在室内。一张防蠓网（包裹你的头或你整个身体）是一个有用的配件，防蠓剂也是。不止一个粗犷的苏格兰人推荐雅芳的Skin So Soft身体乳，说它在驱蠓方面相当有效……

在一年当中蠓最肆虐的季节，一个帐篷当然要优于露营袋。然而，唯一真正有效的解决办法是在有微风的高处露营，你也可以在网上搜索蠓情预测。

虽然一只蠓可以毁掉你的夜晚，但它们无法造成长期的损害。而另一方面，蜱虫虽然不会毁掉你的一天，但可能会导致更大的问题。在乡村漫游时，留意蜱虫是很重要的。国家医疗服务体系网站上有解释：莱姆病是一种由细菌感染导致的疾病，由受感染的蜱传播给人类。蜱是一种生活在林区的蛛形纲动物，以包括人在内的哺乳动物血液为食。蜱虫叮咬经常被忽视。蜱在脱落前能持续吸食好几天。蜱叮咬的时间越长，它传染莱姆病的风险越高。莱姆病会影响你的皮肤、关节、心脏和神经系统。

英国已知蜱虫数目高的地区包括：

- 埃克斯穆尔
- 新森林
- 南部丘陵
- 威尔特郡和伯克郡部分地区
- 诺福克的赛特福德森林
- 湖区
- 约克郡沼泽
- 苏格兰高地

预防莱姆病的基本方法是，身处森林或者已知蜱虫多的地方时要避免被叮咬。以下注意事项对你会有帮助：

- 穿长袖衣物。
- 把裤腿塞到袜子里。
- 用驱虫剂。
- 检查自己、孩子和宠物身上有没有蜱虫。
- 如果你发现身上有蜱虫，要用手指轻轻捏住它，捏的时候尽可能贴近皮肤；最好能用细镊子来夹，然后平稳地把它拔出来。切忌用点燃的烟头、火柴头或者精油把蜱虫逼出来。

关于自行车的一点建议

选一辆自行车不容易。要考虑的因素有许多，所以我的主要建议是在买新车之前尽可能多骑行，无论是在白天骑行还是在夜间微冒险。

这会帮你了解自己喜欢的骑行方式、有多喜欢，还有你希望花多少钱。

我建议你从任何你能搞到的自行车开始。山地自行车、公路自行车、购物自行车或折叠自行车都很适合晚五朝九冒险，你甚至可以骑那些自行车环游世界。所以别让自行车的质量挡住你出门的脚步。你骑得越多，就越了解自己的需要。

挂篮是在骑行冒险中携带装备的最佳方式，但你需要给车装上行李架（在车后，可能车前也要装），还要买一些挂篮。有些自行车不能装行李架，在这种情况下，你可以把行李架固定到车座上。这样架子不会承受很大的负重，去简短过夜旅行也合适（比如74~79页的环约克郡骑行之旅）。一个老式的自行车挂包也能装差不多重量的装备。

需要计划和特定的自行车装备最少的选择是背个帆布背包，本书大部分有骑行的章节我都是这么做的。你要注意的是，确保自己在回头时仍然可以看到背后的交通状况，还有额外的重量不会让你晃得太厉害。否则你背上肯定会全是汗，屁股也一定会比平常更疼！

如果在这之后，你觉得自己对骑行足够喜欢，打算买一辆像样的自行车，那就去你当地的自行车店问一大堆问题吧。最难的一点是你心里清楚自己想把自行车更多用在哪些方面。还有，到网上搜索调查一下自己能不能通过政府的骑车上班计划省点钱。

微冒险要用上的骑行配件

- 头盔——在英国，法律不强制你戴头盔，但戴上它可能是一个好主意。头盔还能用来装采来的黑莓。
- 车灯——以备你在天黑后还要继续骑车。
- 气泵——在马其顿我还用它来抵挡狗的攻击。
- 备用内胎，爆胎修理装备和轮胎杠杆。
- 自行车多功能工具——就像自行车用的瑞士军刀。

如果你还打算在过夜旅行的基础上再进一步，那带一些扎带和电工胶带是值得的（取一段卷起来，而不是带一整卷）。

微冒险的移动厨房

一旦你觉得自己喜欢微冒险到了会时常开伙的程度，野营炉就是一件值得购买的有用工具。下面是不同类型炉具的简要说明。

燃气炉

燃气炉便宜易用（见左图）。你只需把接头和燃气罐拧紧，打开阀门，用火柴或者打火机点燃。之后它的工作原理就跟你厨房的燃气灶完全一样。燃气罐在英国所有的露营商店都买得到，根据你的行程长短也有一系列型号可以选择。这种炉具是我在进行简单的小旅行时的首选，但我到海外探险时就从没带过，因为需要找专门的露营商店购买燃料。

Jetboil的炉具是一种改进版的燃气炉，非常适合登山或海洋赛艇。

Trangia 酒精炉

一种简单、高效、怀旧的酒精燃烧炉。不足之处是它很笨重、烦琐，煮东西也颇为缓慢。

Vargo钛合金六边形柴火炉

一种钛合金制作的折叠柴火炉，能同时吸引轻量装备团队和热衷野外生存的露营者，尽管3块精心放置的石头多多少少也能达到相同的效果。比起使用一次性的燃气罐，它对环境非常友好。

MSR炉具

如果你计划进行长途旅行或到偏远地区探险，MSR的炉具系列可能就很适合你。它们价格昂贵，但却是很好的投资。它们能烧几乎任何类型的燃料，如果你要去的地方可能无法找到露营商店，它们就非常适合。

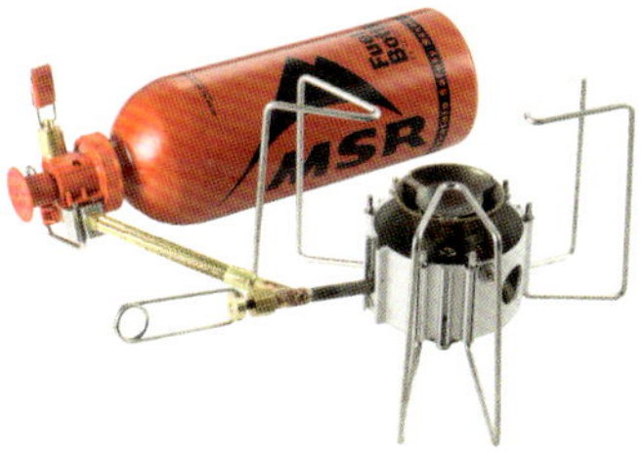

火山炉

这些烧水器有好看的复古外观和极高的能效。你只需一把小树枝就能很快地把水烧开。这对年轻家庭来说是很不错的炉具，因为对刚开始学习露营技巧的孩子而言它（相对）安全，并且容易上手。

三角铁锅或荷兰锅

这些铸铁锅有各种大小，从单人用的到巨大的铁釜都有。它们价格昂贵，百分百的不实用，但百分百的神奇有趣。如果你喜欢野炊，那就加一个到你给圣诞老人的愿望清单里去吧。你一辈子都会喜欢它的。

啤酒罐炉

一个天才的发明。一件美丽的事物。它对轻负重的狂热分子不可或缺。它容易制作，用来跟朋友炫耀也相当有满足感。它能效高得令人惊奇。你动手前必须把啤酒喝光。真是一件美妙的事物啊！它烧的是从药店买的纯酒精（医用酒精）。

如何制作啤酒罐炉

- 喝掉一罐啤酒。
- 切掉易拉罐顶部。
- 把易拉罐底部5厘米剪切下来。
- 将剩下的易拉罐上部修剪到比之前切下的底部高1厘米。
- 把易拉罐顶部压出一圈波纹。燃料燃烧时火焰就会从这些缝隙出来。
- 把易拉罐顶部塞到之前切下的底部。
- 在易拉罐顶部留个小孔。燃料燃烧时空气就能从这里流进炉膛。现在炉子就准备好啦！

平底锅

除了火炉外，你也需要一口锅来做吃的。一开始你没必要买别的，买个几英镑的军用饭盒就够了。

当你发现自己使用它的频率越来越高，你可能会希望升级一下，换一个轻巧的钛合金锅。这种锅子价格不菲，重量也轻得多。或者你也可以不换。我的建议是，买一口比你觉得自己会需要的尺寸大一点的锅子。痴迷于减轻负重的人可能会对这个建议不寒而栗，但我会温柔地指出，98%对克数锱铢必较、身背钛合金锅的男人（总是男人）还不如每天多做10个俯卧撑来对付多20克重量的平底锅和多20公斤重量的备用轮胎……

餐具

我出发去骑行环游世界时，身上带着一把从大学食堂“借”来的勺子。如果你只是打算出去一晚上，你可以像我那样带把勺子，或者带一把精心设计的“叉勺”（勺子、刀、叉的结合），也可以买一把超贵也超轻的钛合金勺子。你现在大概已经感觉到，在痴迷于减轻负重的户外社区里我属于哪一类人。但在参加比赛时，增加一点负重都代价不菲。这时我会带一个儿童用的塑料小勺（以及一把儿童牙刷）。

在简单的旅行里，我携带的餐具只有一把多功能组合刀具和一把勺子。如果你连巨大的三脚铁锅都带上路，那不妨再拿上一把汤勺、一个PVC切菜板和一把像样的厨刀。

铝箔做的风挡对所有炉具来说都是有用的配件：它能保护火焰，减少热量损失，减少烹饪时间。我总会带上两个打火机、一副火石火镰或者一盒备用的火柴。

多功能组合刀具

一把多功能组合刀具，比如一把莱泽曼或瑞士军刀都是值得带去微冒险的有用工具。它们的型号和尺寸多得惊人。你得自己决定哪些才是你真正需要的工具（一把刀），哪些你只是喜欢拿来玩玩或者跟朋友炫耀的……

咖啡

如果你喜欢早晨享受一杯好咖啡，不妨在你的背包里留一点额外空间带上摩卡壶。它们有各种大小。

如果你更喜欢过滤咖啡，可以考虑带上一个保温的滤压杯，如果对你来说轻装出行更重要，就带小包速溶咖啡和一个折叠杯。

野外畅饮

不，不是那种野外畅饮……而是在野外找到饮用水。我在这方面可能有点鲁莽（所以你可以在网上搜索更科学的建议和专家意见），因为我从英国各地的溪流直接取水喝也从没遭受过任何后果。如果你更谨慎也比我更敏感，那么你可能会先考虑净水，特别是在你远离河流源头的时候。净水的方法包括煮沸或者纯化。过去18年我在大概90个国家旅行时都会使用碘片，人至今也还活得好好的，但碘片最近被欧盟禁止作为净水剂了！另一个净水的办法是过滤。你可以在露营商店或在线零售商那里购买滤水器，我从来没用过，但我肯定它们既神奇又有必要。

生火的建议

围坐在篝火旁一边讲故事一边烤棉花糖，这样的场景使得任何微冒险变得更神奇。但选择适合生火的地方，也许比本书讲述的其他事情都更适用常识和礼仪这个规则。

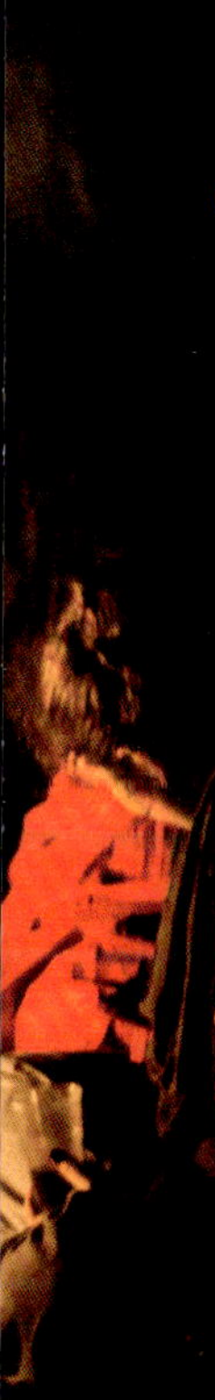

- 不要在有蔓延危险的地方生火——比如泥炭沼泽、麦田、干燥的森林和加油站前院都是显而易见的例子。当你生火时，必须确定自己随时可以灭火。千万不要没得到允许就在私人土地上生火，这有可能冒犯他人，也有碍观瞻。通常来说，你只应该在留下的痕迹褪去前不太可能有人经过的地方生火。火势始终要小。
- 如果可能的话，点火前挖一个洞，这将有助于挡风和遏制火势。到了早上要换掉坑里的土，换上新的草皮（在熄灭火堆之后，这个做法还有助于去除难看的焦痕，最大限度地减少火堆留下的视觉冲击）。如果你不能挖洞，那就给你的火堆围一圈石头来遏制火势。别用柔软中空或者湿的石头，因为它们可能会爆炸。如果地面特别湿（或在雪地里），可以先放上原木做底座，防止火堆接触到潮湿的地面，直到火烧旺。
- 生火需要3样东西：热量、燃料和氧气。缺少任何一样火就生不起来。如果你生火时遇到困难，记住这些能帮助你搞清楚什么地方出了错。
- 从一小堆火绒开始（干草、树叶或纸），在上面把引火物堆成金字塔状（很细的干燥枝条）。确保手边有更多的引火物，以及直径有几厘米的稍大的枝条，关键的一点是你开头使用的木材是干燥的；一旦火开始咆哮，用些湿一点的木头也无所谓了。最好的燃料是挂在树上的枯枝，而不是躺在地上的，因为那样枯枝会吸收湿气。一旦你收集和组合好柴火，生火的时刻就到了。就像所有英雄般的户外爱好者，我可以不用火柴生火。我用打火机。
- 先点燃火绒。当它上面的引火物开始燃烧，轻轻朝火焰吹气。噘起嘴平稳地吹气，就像用吸管吹气一样来获得最好的效果。在火烧起来后，你可以更用力地吹气，逐步在火中添上稍大的树枝。当你有信心火已经生好了，就继续添上更大的树枝。如果你想在篝火上做饭，你要在开始之前用大树枝多制造一些热灰，所以尽早把树枝烧起来吧。

篝火烹饪

如果你要用明火煮食，你要在火堆里用石头做成跟锅差不多大小的三脚架来放置平底锅。这能让空气流通，并防止火焰往外烧。这也意味着你可以把锅下的热灰扒出来，从而调节烹饪的温度。如果你的锅有铁箍把手，你可以像钓竿一样用一根棍子把它挂起来。要确保棍子强度足够并已被牢固地楔入地里，而且棍子不会被烧着。你真的，真的不会希望自己的晚餐掉进火里吧！

一顿肉食者也会喜欢的纯素主义者友好型晚餐

和我一起进行轮胎漂流微冒险（见133~137页）的朋友里有一位是个纯素主义者，所以他负责给所有人做饭。这是我第一次吃纯素，味道真是好极了。于是我请鲁本分享他的食谱：

- 生个小火，搞个大锅。
- 洒一圈橄榄油。
- 切碎一个洋葱和一瓣大蒜丢进去。
- 切一些胡萝卜、一个南瓜、几个番薯、一个茄子加进去，红椒切碎，你想加多少就加多少。加一匙辣椒粉和一些切碎的番茄。
- 到锅里的东西看起来需要喝一杯时，加入蔬菜高汤和1/2瓶红酒。剩下的酒就自己坐在火堆边喝了吧，等着锅里的东西收汁就行。
- 蔬菜煮得差不多的时候，倒一杯蒸粗麦粉进去，煮几分钟。如果水不够，就开第二瓶红酒。
- 和美妙的风景以及一大块在火边烤热的面包一起享用。

终极微冒险炖菜

相反，101~103页的微冒险是与尼克一起进行的。他是个全心全意的食肉动物，运营着一家叫Hunter Gather Cook的烹饪学校。他在这里分享了他称之为“终极微冒险炖菜”的食谱。这道温暖人心的菜口味介于传统的炖牛肉和匈牙利红烩牛肉之间。要早点动手做，以获得最好的成果：炖煮时间越长，菜的味道就越好。

必需工具

- 一口大平底锅。注意：它在明火上用的话会被烧得很难看，所以别把你妈妈最好的锅拿去用啊。
- 长柄勺、汤勺。
- 刀子、切菜板（或者在出发前先在家把菜切好）。

一份四人用

你要是有个硬皮面包的话就等于再多一份。

配料

油。

素三一组合：两根欧芹、一个大的红洋葱、两根胡萝卜。

两个辣椒（一个红的，一个绿的）。

两瓣大蒜。

两片月桂叶。

一大枝迷迭香（或者一把混合香草）。

1茶匙烘烤过的孜然。

2茶匙辣椒粉。

500克煨煮用牛排（炖煮用牛排、牛横膈膜肉或者腱子肉）。

盐和胡椒。

1个牛肉高汤块，并压碎。

1杯红酒。

1罐切碎的番茄罐头。（最便宜的总是最好的：没那些乱七八糟的添加物！）

辣椒酱和辣酱油（可选，不过强烈推荐用）。

给炖锅里添的水。

- 在平底锅里热少许油，把素三一组合的蔬菜和辣椒粗粗切碎，蒜头切细。加入香草和烤香的孜然和辣椒一起下锅，在平底锅里慢火加热5~10分钟直到蔬菜变软，然后把锅从火上取下。
- 牛肉切块丢进热锅里。撒一搓盐和胡椒粉，加进弄碎的高汤块，把牛肉表面煎至棕色。肉看起来差不多好时，倒进红酒，让它沸腾起泡30秒，然后加进其他作料和少许水，然后搅匀。之后能炖多久炖多久，大约一个小时后你就可以开饭了。

和硬皮面包、一大份玩笑话和一瓶你能搞到的最好的干红一起上桌。

其他可以在火上做的好菜包括：

烤土豆

你并不需要把它们包在铝箔里，只要把土豆丢到热灰中，每隔几分钟翻一翻。土豆里的水分能保证它们不被烧焦。烤土豆好吃极了，但它们做起来很花时间，所以这道菜适合时间充裕的漫长傍晚。

玉米棒

买还裹着绿色苞叶的玉米棒。然后只需将它们放在热灰上，时不时翻一翻。我很有信心它们将是一餐的亮点。它们当然也是你吃过的最好吃的玉米棒，特别是如果你还有黄油和盐的话。

茄子泥

这是一道美妙的“前菜”。它能缓解饥饿感，直到你的炖菜和烤土豆准备就绪。另外，它还能增加一点复杂精致的气氛，不然野炊就很容易被误认为只是在山顶上胡闹。这道菜绝对值得尝试，哪怕你觉得自己不爱吃茄子。

材料：

茄子——一个就够3~4个人吃了。

橄榄油——你能买得起多好的就买多好的。

盐——好东西，但不是必需品。

柠檬汁——好东西，但不是必需品。

芝麻酱——好东西，但不是必需品。

- 把茄子放在热煤块上，直到表皮烤到起泡，茄子肉开始有点塌。这大约需要10分钟。把茄子皮剥掉（你可能要等茄子凉一点），把茄子肉挖出来压成泥，按自己的口味混合一点其他配料，用来蘸硬皮面包吃。

烤饼

一种可以在篝火上烤的扁面包。离家前把下列材料放进一个大的密封袋：3杯面粉，一杯奶粉，两汤匙猪油或橄榄油，盐少许，泡打粉一茶匙。当你生好火，有足够的热灰，你就可以烤面包了。找一根干燥清洁的树枝，差不多3英尺长，要直，大概一英寸粗。把树枝一端削掉大约20厘米的树皮。在密封袋里混合好面包的材料，逐步加水混合揉成面团。把面团卷在树枝上捏实，确保它不会脱落。把树枝架在热灰上，时常转动，直到面包烤好。

棉花糖

对任何篝火都必不可少。用树枝穿上棉花糖，找个远离高温的低处，把棉花糖架在热炭上方，不断翻转直到棉花糖表面焦糖化。棉花糖里面会变得黏软，也非常烫嘴，所以要小心。可以从Mallow & Marsh买点高级的棉花糖犒赏一下自己。

如何使用指南针

如果你正在阅读这一页来了解如何使用指南针，那么你肯定是还没准备好攀登英国的山。要学的东西多得很！请到网上搜索更多更专业的教学资源吧。

不过，如果你只是想用指南针大概地指引自己回家，或者你是天黑后坐火车到达一个小村，只是想给自己定个位，那以下信息应该就够用了。

历史上还从未曾有如此多的人拥有指南针。只要拥有一部智能手机，你就能即时访问免费指南针App，虽然在山上这些并不能取代真正的、无须电池的指南针。口袋里时刻有个指南针是很方便的，尤其是因为你可以在真正需要用到它之前多多练习。

接下来解释问题时我会假设你在用“真正的”指南针，但同样的原则也适用于数码指南针。你只需要记住北方为0°，东方是90°，南方是180°，而西方为270°。

- 将指南针平放在你面前（远离任何有磁性的金属，以避免对指南针的功能产生潜在损害），等待指针停稳。指南针的红色箭头指向北方。它指向的不是地理上的北极点，而是北磁极，离“真正的”北极有数百英里远。但这不影响杰里米·克拉克森——“我们在北极”——声称自己驾车抵达了北极点，对我们同样也没什么影响。除非你准备去极地探险（在这种情况下，拜托告诉我，这不是你唯一的导航课程……），否则它不会有很大区别。
- 红色箭头指向正北方，这意味着红色箭头右侧90°是正东方。你还记得读书时教的“Naughty Elephants Squirt Water”（顽皮大象喷个水）[首字母正好是NESW，和北（North）、东（East）、南（South）、西（West）的英文首字母一致。]，对吧？东方是太阳升起的（大概）方向。（更多利用太阳导航的技巧见234页。）日本——日出之地——也位于东方，虽然这可能是不太有用的信息。
- 再次看向你指南针的红色箭头。在指针左侧与指针形成直角的方向是西方（270°），是太阳下山的（大概）方向。然后，如果你正面对着红色箭头所指的方向，那南方就在你的正后方。

如何用地图定向

GPS是旅途中的有用工具（含备用电池），前提是你知道如何使用它。但是即使你已经有一个GPS，你还是应该随身携带地图和指南针，并懂得如何使用它们。以下是一个关于如何使用地图的简单总结，在出发前往偏僻地区之前请确保你懂的比这更多！不过，如果你的目标只是出城并前往一个漂亮、僻静的地点过一晚上，那以下知识能帮你入门。

我会假设你能看懂地图上弯弯曲曲的蓝线是河流（或者高速公路），而等高线指的是山丘或者谷底（看海拔数字来确定哪个方向是上）。

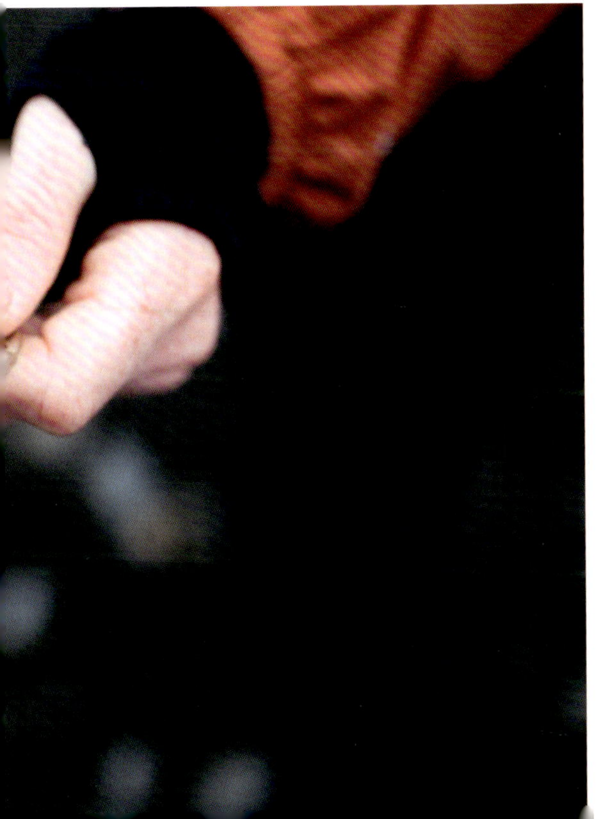

以下是前往你地图上目标地点的最简单的方法：

1. 在地图上找到你当前所在的位置。
2. 将指南针平放在地图上，然后找到北方（见前页）。
3. 旋转地图，使地图顶部（北方）跟指南针的箭头方向一致。一份全国地形测绘详图会有网格线来帮助你准确做到这一点。现在地图就是你实际所处地形的一个方向正确的缩小版本[这在当前已经基本足够了：如果你想学习怎样才能做到真正精确，可以在网上搜索“磁北到网格北要减去的磁偏角”（mag to grid get rid）]。
4. 这意味着，如果地图上你要去的地方现在位于你的左侧，那么你也得往左走才能到达那个地方，等等。
5. 如果没有指南针，你仍然可以使用周围的地物帮助自己定向，前提是你知道自己当前在地图上的位置。例如，如果附近有一个教堂或者一座陡峭的山坡，你就把地图上该地物的标注指向实际的地物。用你目之所及的地物来积累信息，以获得精确的地图定位。
6. 掌握地图定向的窍门是地图阅读中最有用的一个方面。它确实能帮助你通过地图掌握当地的信息（反之亦然）。
7. 在你真正出行之前找个天气好的日子在本地练习使用地图定向。
8. 在你前往真正的荒野之前，确保自己知道如何使用罗盘测定方位角和反方位角，并且了解磁偏角、步测、奈史密斯定律，以及在需要电话求助时如何给出自己的坐标。

利用太阳导航

如果你从这页书中学到点东西，我要严正声明一下：你还没有准备好只利用太阳来指引自己穿越撒哈拉沙漠。

不过，如果你的目标仅仅是眯起眼睛看看太阳，然后凝视着你的劳力士表，往地上吐一口嚼烂的烟叶，低吼一句“酒吧在那头”，希望借此能打动你的朋友，那就继续读下去吧……

太阳基本是在东方升起，在西方落下。它实际与正东方、正西方的偏差则会在一年中不断发生变化（实际上，太阳只在春分日和秋分日是真正的东升西落），但这是一个很好的经验法则。所以，如果你面向当地正午的太阳（在英国夏令时，你需要从表面时间减去一个小时），那么你面向的差不多就是正南方。理解这一点有助于你简单地通过手表找到方向。将指针式手表的时针对准太阳，那在时针和12点方向之间的假想中线就指向南方。你还可以利用太阳的位置估计离日落还有多少时间。

将你的手臂伸直，手掌水平张开，使得它的位置看起来正好是在地平线以上。每一掌（四指）的距离大约就是太阳在一小时内移动过的距离。量一下从地平线到太阳之间有多少“掌”，你对离日落有几个小时就有了一个大致的概念。这个方法在你要算出日落前还能行进多久时特别有用。

通过网上搜索，你可以学到很多利用太阳、月亮、星星，以及植物、动物和天气等自然条件进行导航的技术。

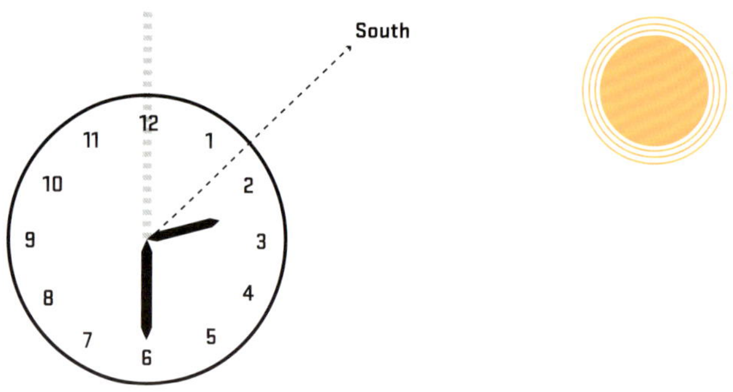

科技产品与微冒险

如果你要写一本马上就要过时的书，没有哪个方法比写科技产品和科技更简单的了。所以我会尽量避免过多提及具体的小发明、App或者网站，而是提供一些一般性的看法。

在微冒险中，我在喜爱和憎恨科技之间摇摆不定。人有需要高科技和社交联系的时候，也有需要寂静、时间和空间的时候。因此我对微冒险时携带科技产品的一大警告是，确保它能加强你对冒险的体验，而不是分散你对冒险的注意力。

我真的很喜欢在旅途中拍摄照片和视频。就个人而言，我觉得这可以帮助我更留意自己所在的地方和这些地方给我的感受。但我也很清楚，有时我应该花更多时间凝望夕阳，而不是试图拍下另一辑俗气的延时摄影。

“因此我对微冒险时携带科技产品的一大警告是，确保它能加强你对冒险的体验，而不是分散你对冒险的注意力。”

一定要带上智能手机，它能帮助你导航，帮助你在路上找到有趣的事物，帮助你在自己睡过的最高的山顶上给妈妈打个电话。但如果你怀疑自己会被它的魔力蛊惑，完全依赖手机来告诉自己该干什么，而不是信任命运和一点发现意外惊喜的运气，那你还是别带手机了。手机上有为你导航的App、有帮助你找到有趣的地方的App，也有帮助你讲述自己故事的App，这些都是值得使用的。发挥你的想象力，探索如何利用技术来增强你的冒险体验。但恐怕在太阳下山时检查电子邮件或者看看大家在脸书上做什么并不属于其中之一。在这种时候，智能手机的电池续航时间短就成了一个优点：你对手机的利用会变得更谨慎。把手机调到飞行模式下使用，或者至少关闭Wi-Fi和蓝牙功能，这样可以延长电池的续航时间。

在梦想新的微冒险时，不要忽视网络的力量。我希望这本书能播下一些种子，并能作为一个有用的简要介绍，让人们能了解微冒险需要什么，为何要进行微冒险，以及在何时何地、如何实现微冒险。但当你心中萌生了想法，你应该投向互联网的怀抱，用网络来调查你从未去过的地方并帮助你解决如何到达那里的问题。必应地图有全国地形测绘详图的视图，可免费使用。事实上，在写这一章时我正好发现了两个进行随机微冒险的好地点：英国距离公路最远的地方和地图上最没有特色的方块区域。

因此，用互联网来孵化你的计划吧。然后用它来向那些做过类似事情的人请教，这能帮助你避免犯下大家在开始时都会犯的错误。网上搜索微冒险论坛，微冒险的脸书页面或者在Twitter、Pinterest和Instagram搜索#微冒险#话题标签。然后出门去，细细品味你的冒险经历。

最后，最适合带去微冒险的小玩意儿正是最老式的那些：高质量的笔记本和一支好笔是值得你每次出行都打包带上的。

好用的绳结

这不是（哈哈！）一本为登山者写的实用教程。我希望自己的戏谑能让你相信这一点。所以拜托，如果你要从高处援绳下降或者攀登酋长岩，千万千万别读这本书。

这些绳结对于建造木筏（见159~162页）或者庇护所（见130~132页）之类的事情很好用，用来修理损坏的装备也非常趁手。这本书里的大部分事情都可以用一句古老的谚语搞定：“如果你不会打绳结，那多打几个结就好了。”但学会打几个绳结既实用又美观。

以下是我最喜欢的5种绳结。网上搜索更多关于它们的细节信息，或者手机上下一个教打绳结的App。如果你因为我省略了你最喜欢的绳结而生气，那你知道的已经比这一页书要教的更多啦。

称人结

称人结能在你的绳子末端打出一个结。这种绳结要打要拆都很简单，就算在经受了极大压力后依然如此。你可以用“兔子钻出洞，绕树跑一圈”的方式记住它的结法。

丁香结

丁香结不仅拴马好用，它也很容易打，是捆扎木筏的好开始（建筏的话还要学四方编结）。

车夫结

车夫结在你需要绑一些绷得很紧的东西时十分重要，比如把防水布绑在卡车后的时候。它实际学起来比图片上看到的要容易得多。

双套结

用于把两条绳子系在一起。双套结比老式的右过左、左过右的平结更通用也更有格调。

八字结

八字结很容易打。它在防止绳索滑出孔眼、系缆桩和挽具方面非常好用。

记录并分享你的微冒险

去微冒险的最好理由是因为你想去。可能你也没什么别的理由。去旅行，然后回家，不需要告诉任何人。但许多人也喜欢记录他们的经历，有的人则喜欢分享他们的故事。

你可以用许多不同的方式记录冒险。我曾经遇到过一位背着画架、拖把刷画笔和颜料攀登乞力马扎罗山的女士，因为她喜欢用拖把刷画画。因此，偶尔带盒水彩上匡托克丘陵的机会还是有的。我真心希望如此。

虽然颜料、铅笔和纸都是好东西，但当今大多数人会选择数字手段记录自己的生活。虽然我希望人们能善用在山上的时间远离电话和电子邮件，可是我也很喜欢智能手机精辟、简洁的讲故事方式。

在纸质书里拥护这个或那个社交网站是愚蠢的想法，这种书刚上架就要过时了（虽然我坚信Facebook和Twitter永远不会过时……）。所以我想要做的就是鼓励你考虑一下你想记录什么，以及你想如何进行记录。而且，最重要的是，明确你为什么要进行记录。一旦你脑子里对这些事情有个清晰的想法，它就能帮助你选择要不要拍照、拍视频、录音或者写下你的故事，能经过深思熟虑再做这些事情的话，我觉得这真的能加强你的体验。

我唯一的提醒是，拜托，请一定要记得享受实际的经历。少玩点Twitter，多听听鸟鸣。放下相机，花点时间安静地坐一会儿，真正地去看，去聆听寂静，去感受冬天的空气把你的鼻子和耳朵冻得生疼，给自己留点有品质的时间（老套话，但也是重要的话），给你的微冒险旅伴留点有品质的时间（既有趣又重要）。

改善你的微冒险摄影

1. 带个相机。还有，别光是带上就算了：把相机从你包里拿出来，用上！这是显而易见的事，但区别真的很大。哪怕只是用你手机上的摄像功能，也要养成时常拍照的习惯，不管天气怎样。当你不耐烦拍照

的时候，也许就是你该开始拍视频的时候了。

2. 虽然你用的可能是数码相机，你还是要试着想象这是个胶卷相机。换句话说，想着你拍的每张照片都要花费你50便士，这能帮助你多花点工夫在摄影技术上。停一停，思考一下，找好构图，然后才按下快门。我觉得惊奇的是经常看到有人边走边拍照，就像施瓦辛格在跑动过程中枪才刚拔出枪套就开始射击一样鲁莽。
3. 如果你有一个数码单反相机，那就学习如何使用不同的拍摄模式。你正在一个风景壮丽的山顶上，天快黑了，但还有一点柔和美丽的天光。你的露营袋和背包英雄般地放在前景里。你决定拍张照片。这将是一张不错的照片。然后在自动模式下的相机一道白光闪过。结果呢？漆黑的背景，你的行李反射出一些眩光。而一个恰当曝光的简单解决方案只需用更大的光圈或者降低快门速度就可实现。甚至我的手机现在也有专业摄影App能用较慢的快门速度进行拍摄了。

> “虽然我希望人们能善用在山上的时间远离电话和电子邮件，可是我也很喜欢智能手机精辟、简洁的讲故事方式。”

4. 如果你是在用手机拍摄，不要光依靠Instagram的滤镜对照片进行后期处理来让你和你的伙伴看起来比较时髦（或者说就像披着橙色塑料袋坐在雨中吃苏格兰蛋那么时髦）。有很多App——有些免费，有些需要付费——可以把你的照片处理得更好看，比如Snapseed。我在把照片贴上Instagram之前就经常先用它处理一下。
5. 别只是从你正好站着的位置拍，你得移动一下来找到最佳的视角。走近一点，走远一点，蹲下来，躺下来，爬到树上，多试验。
6. 学习摄影构图技巧，例如三分法、视觉引导线、填充取景框、聚焦点、正空间和取景。

值得一抱的树

英国最有代表性的10种树：你能认全吗?

1. 白蜡树
2. 山毛榉
3. 榆树
4. 橡树
5. 鹅耳枥
6. 欧洲白桦
7. 白柳
8. 欧洲七叶树
9. 欧洲赤松
10. 山楂

1.

2.

3.

4.

5.

6.

7.

8.

9.

10.

学习鸟儿的歌

一个提醒我们仍住在一个野生世界（甚至一个花园也是一小片荒野）的方法是学会辨别一些野鸟的歌声。

你的花园的访客并不驯服：它们从数千英里以外飞来，在你的花园里待一阵，然后在合适的时间再次离开。它们不受管理条例和绿带限制，视花园篱笆上的地界纠纷为无物。它们是野性的。它们在我们界限分明的生活和花园拼凑起来的世界里来去自如，生活，战斗，求偶，死亡。

我不是很擅长辨认鸟鸣，但在开始学会更多之后，我觉得这是个收获丰厚的技能。写作无法很好地体现鸟鸣，所以请到网上搜索英国皇家保护鸟类协会（RSPB）为不同鸟类鸣叫声提供的出色指南（www.rspb.org.uk/wildlife/birdguide/name）。智能手机上也能找到一些有相似功能的App。

如果你不确定该怎样开始，先试试这几种鸟。它们要么常见于你的花园，要么在乡间很容易找到，或者是它们的叫声十分特别，很容易辨认。它们是很好的起点。

- 乌鸫
- 知更鸟
- 喜鹊
- 绿啄木鸟
- 杓鹬
- 燕子
- 百灵
- 松鸡
- 鸶
- 秃鼻乌鸦
- 雉

观云

一点关于云的知识不仅对预测天气有用，也会增进你对户外的享受。

不管是辨认鸟鸣、观星还是懂得卷层云意味着今晚无雨，对自然界的知识懂得越多，你的微冒险就会变得越令人满足。

借助右侧的图示，你能很轻易地通过辨别天上的云来对短期天气做一个比较准确的预测：

层云

经常预示着有小雨来临。

积云

分散的积云通常意味着好天气。

积雨云

这些庞大而令人难忘的砧状云常常是暴风雨的前兆。

卷层云

卷层云如果开始盖满天空，未来24小时有可能会下雨。

卷云

这种云会在天气好的时候在极高空出现。观察它们移动的方向来辨别气象锋面最有可能从哪边来。

卷积云

古谚有云“天似鱼鳞，风暴将近”，但也不总是如此……

观星

当你第一次睡在露营袋里仰望星空，只有铁石心肠的人才不会感到一丝敬畏。

我喜欢看着月亮慢慢在天空中运行，在双眼适应黑暗后找到金星和人造卫星的轨迹，并分辨出银河暗淡的光辉。

如果你也认得几个最突出的星座，星空带来的乐趣将大大增加。以下是北半球的微冒险者在一年中不同时期最容易辨认的星座：

仙后座

仙后座以希腊神话里一位美丽但爱慕虚荣的皇后命名，也是容易找到的星座之一。它看起来像一个巨大的“W”（有时看起来是“M”）。

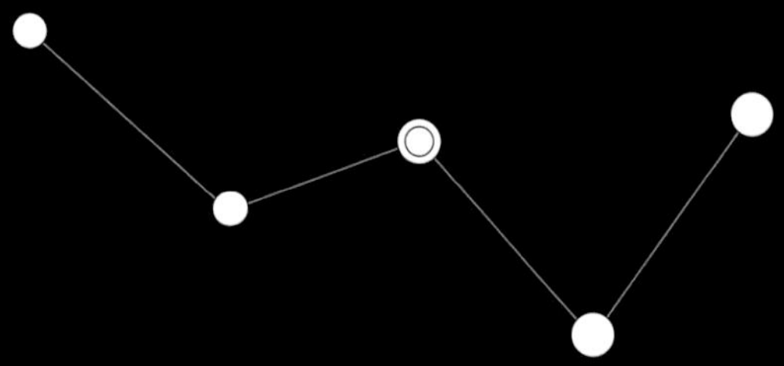

北斗七星（大熊座）

北斗七星（也称大熊座）不仅容易找，也能帮我们很容易就找到北极星（北辰）。

北斗七星看起来有点像个带柄的炖锅。要找到北极星，只需要沿着这个大炖锅“前沿”的延长线，在距离大约两“锅长”的位置就会看到另一颗明亮的星星，这就是北极星。因为北极星的位置大约在北极的上方，它在定位北方时很有用。

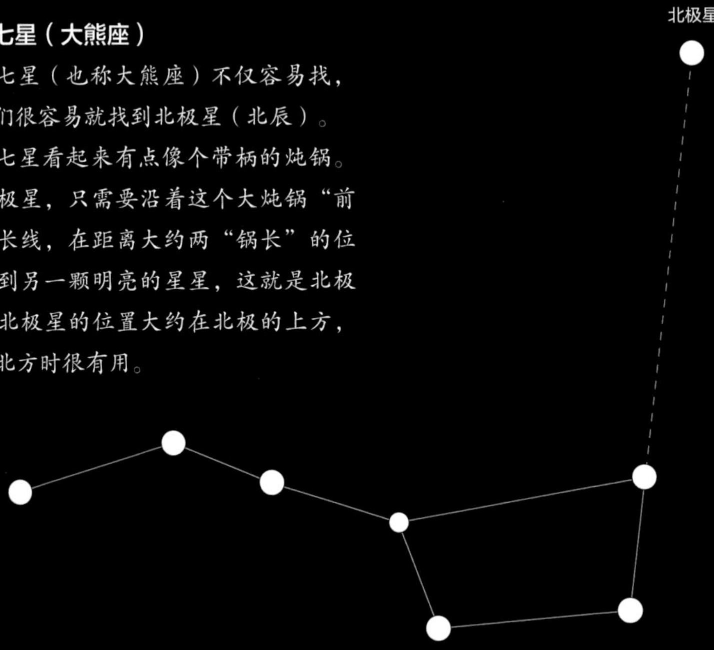

猎户座

猎户座，更准确地说是猎户座的腰带也许是最为人所熟知的三连星了。在冬季夜空中特别容易看到它。你要找3颗明亮的星星，互相之间很靠近并且排成一条整齐的直线。找到它以后你应该也能看到天狼星，即天空中最明亮的星星。

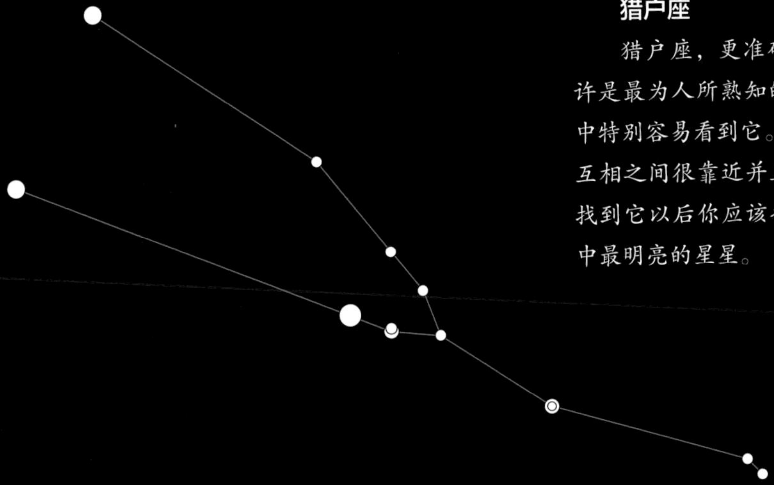

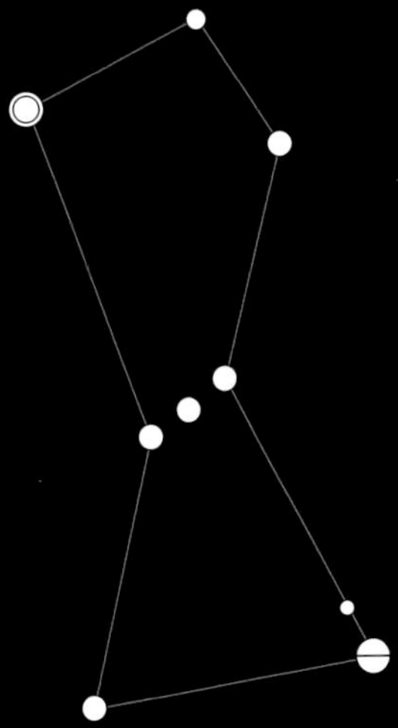

昴星团

很难给怎么找昴星团（又称七姐妹星团）做一个简单的说明。我提到它是因为这是个明亮的星群，在夜空中经常能吸引到我的目光。我有个特别粗糙的辨星方法：用前一页提到的方法找到北极星，找到以后“往右”看，直到你看到星星组成一团明亮的“云”，当你成功找到几次之后就会经常注意到这个星团了。

降低火车旅行的成本

在英国乘火车旅行可能是个昂贵又消磨精神的体验，但还是有一些基本的建议能帮你在微冒险中省点钱。

1. 利用The Trainline、Megatrain或者Red Spotted Hanky等网站提前12周买票。你可以用这个办法省一大笔钱。要尽可能在非高峰期出行。
2. 对于英国的许多城际列车，敢把自行车带上去的都是真正的勇士。我很幸运拥有一辆折叠自行车，可以获得豁免，否则要乘城际列车的微冒险就只能步行了。你当然可以带自行车上火车，只是通常要先预约一列特定的列车。可以和列车驾驶员确认一下他们的政策。比较烦人的是你通常没办法在网上购票的同时给你的自行车进行预约，不过在东岸铁路的网站上是可以的。
3. 如果你知道自己出行的确切时刻，可以预订一张特定车次的去程、非高峰时段返程不限的火车票。这样能帮你省点钱，也能让你的计划有一些弹性。
4. 两张单程票有时比一张回程票还要便宜。
5. 试试分割车程来买票。比如买伦敦到彭赞斯的车票通常比买一系列到旅途中不同车站的票要贵。这需要你在购票网站上花点时间试验，但省下的钱有可能不少，特别是你只有部分旅程是在高峰时段的话。
6. 乘坐伦敦和苏格兰之间的卧铺夜班车是英国最棒的冒险之一，价格也相当合理。你能获得一晚的伙食住宿，一列开向远方的列车，还有在臭烘烘的尤斯顿站入睡、在苏格兰高地醒来的神奇体验。如果你要乘坐卧铺夜班车，在选择便宜的座位而不是卧铺之前最好先分析一下成本效益。我有一次坐夜班车去参加人生中最重要的一次考试，我选了便宜的座位，一夜都没合过眼。不知怎么的考试竟然通过了，但我之后再也不敢选便宜的座位了！Seat61 网站上有关于这趟列车的大量信息。
7. 想省更多的钱的话，可以考虑坐城际大巴。提醒一下：我年轻的时候经历过一些行程特别慢的大巴之旅，感受之糟糕比得上在山顶上露宿时碰上暴风雨还没吃的……但它们确实是便宜。

当情况变坏

我写这本书的目的是破除让冒险世界看起来高人一等的壁垒。我想让“普通人”（我指的是“非冒险家”——双引号强调的是这种分类方式的尴尬）更容易出门到乡间和野外去。我希望这本书能给人们帮助和信心去骑行数百英里，在元旦的清晨裸泳，在星空下入眠。

但所有这些活动都有风险，因为山地和河流也可以是危险的地方。所以我在书中反复强调常识。在出发去偏远地区之前，特别是你要孤身前往的时候，请一定要确保自己做到以下这些事情：

- 告诉别人你要去哪里，什么时候回来。
- 确保你有合适的装备应付各种状况以及可能发生的最坏情况。在高海拔地区，这通常意味着带上一个橙色紧急避难袋、一个哨子（还要懂得求救信号：6声长鸣，停一分钟，然后重复）、一个充好电的手机、一个手电筒、保暖衣物和应急口粮。除非遇到了严重事故，否则你必须完全以自力更生为目标。
- 设置好你的手机，保证它能通过短信联系应急服务（以备信号弱或者你无法说话时使用）。短信发送“register”到999来注册这项服务。你会收到短信回复，然后一定要回复“Yes”。现在马上就做，不要等到你需要它的时候！
- 出门前要看天气预报。
- 要意识到高山救援队和英国皇家救生艇协会（RNLI）都是志愿者组织。犯傻是会危及其他人的性命的。对自己的行为负责，到www.safeinthehills.org.uk网站和高山救援队的相关网页（www.mountain.rescue.org.uk/mountain-advice）学习更多山区安全知识。
- 野外绝对能暴露你的弱点——不管是技能上的、装备上的，还是你在韧性和判断力上的。野外可以是凶猛无情的。这既是它的吸引力，也是它的威胁。尽管挑战自我是野外的诱惑之一，你还是要确保自己能分清有理智、有计划的冒险和轻率鲁莽的行为。然而，这两者之间的界限难以察觉又变幻莫测。所以一定要非常谨慎。
- 确保你有足够的经验判断所处环境中的潜在危险，同时也有能力在必要时安全脱身。如果你有疑虑，就先从简单一点的开始。到国家山地运动中心（Plasy Brenin）、格兰摩尔（Glenmore）或者山区训练学校（MountainTraining）这样的机构学习课程，增强你在户外领域的能力。
- 如果你确实需要紧急救援，拨打999向警方或海岸警备队求助。如果有需要，警方会安排高山救援队提供帮助。你必须提供自己的地图网格坐标或者GPS坐标（如果你的智能手机能收到信号，就能提供这项信息），所以在真正有需要之前就要确保自己知道如何提前找到这些信息。

急救

如果你要去野外，你应当熟悉一些基本的急救技术。急救的方法论和最佳实践方式一直在进化，所以请到网上搜索最新的信息和可以提供训练的本地机构。远程急救护理（Remote Emergency Care）和野外医疗训练（Wilderness Medical Training）都能提供很好的入门。

你需要熟悉的主题包括：

- 装备和使用急救包。
- 过敏反应。
- 烧伤。
- 心肺复苏。
- 窒息。
- 割伤、开放性伤口和失血。
- 头部和脊柱损伤。
- 低温症和体温过高。
- 安全转移受伤人员。
- 休克。
- 扭伤、脱臼和骨折。

微冒险的行为准则

在乡间享受冒险活动是件好事。我们有权利到野外做点有趣的事情。但享受微冒险也需要承担一些责任。我建议大家都要做到：

- 关爱并维护我们日渐减少的乡野。
- 要请求许可，待人要亲切有礼。
- 晚点到，早点走，不要留下痕迹。
- 与其他在同一空间工作和进行休闲活动的人慷慨地分享乡野空间。
- 对自己的行为和安全负责。

许多比我更有才学的人付出努力去制定户外活动恰当行为的指南。一些乡间行为准则的初始规则可以追溯到20世纪30年代，同时也是不错的起点：

- 享受乡野，尊重那里的生活与工作。
- 注意防火。
- 管好你的狗。
- 穿过田野时要走公共道路。
- 穿过篱笆、树篱和围墙时要走门和阶梯。
- 别碰牲畜、作物和农用机械。
- 把垃圾带回自己家。
- 保持水源清洁。
- 保护野生动物、植物和树木。
- 在乡村道路上要特别注意。
- 别发出不必要的噪声。

《苏格兰户外活动准入守则》也很简单：

- 对自己的行为负责。
- 尊重他人的隐私和心灵的平静。
- 帮助农民、土地拥有者和其他人安全、高效地工作。
- 爱护环境。
- 如果你要在户外带领团队、组织活动或者经营生意，更要格外注意自己的行为。

注意安全，保持礼节，做个通情达理的人。然后玩得开心。这样就够了。

不留痕迹

这事很简单。不要留下痕迹。把你的垃圾都带走。“垃圾”指的是你带来的所有东西，其中绝对包括香蕉皮和橘子皮，因为它们会破坏景观，也要经过几年才会完全降解。

你还可以更进一步：把你发现的其他垃圾带走，帮助乡野恢复应有的清洁，让乡野比你到来时更干净。

注意：下一段文字里含有“便便”这个词。拜托，别偷笑。

上厕所的问题比处理垃圾要复杂一些。对于晚五朝九冒险，你大概可以避免在野外踱来踱去找厕所。就像你妈妈说过的：“你应该出门之前先解决。”

但如果你真的需要如厕，我会鼓励你挖个坑，大概6英寸深的，然后把你的便便和用过的卫生纸埋在远离道路和水源的地方。把用过的卫生纸烧掉也是个好主意（除非你身在高火灾风险的地区）。如果你很重视环境，可以把用过的卫生纸带回家，因为纸张比你的便便需要更长时间才能降解。然后把坑填上，用土和落叶盖好。

其实便便在空气里会更容易降解，但拜托别这样做，除非你很肯定那个地方在接下来几周都不会有人经过。

然后这是一个对狗主人们的请求：拜托，拜托你们了，把狗带到远离道路的地方去便便吧。或者就把狗便装起来带回家。最重要的一点，把狗便装起来以后，千万别像挂什么奇怪的圣诞树装饰一样把它往树上、篱笆上一挂就算了。说真的——什么人才会干这种事啊？住手！

健康第一，安全第一，责任第一

本书描述的活动均存在风险甚至危险，其中提及的很多地点也位于偏远地区，请一定在进行任何微冒险之前做好准备。作者和出版商做了很多努力确保书中信息的准确性，但他们不可能对因本书包含的信息或建议产生的意外、受伤、损失或是不便承担法律上或者经济上的责任。在书中提到的任何地点进行游泳、跳跃运动、跳水、骑车、步行、野外露宿或者其他任何活动，风险都要完全由你自己来承担。

额外的资源

这本书对很多不同的事情只是说了个皮毛，以下的资源可以帮助你对任何引起你兴趣的问题做更深入的探索。我没有提供特定的网页地址（因为网页常常会随时间流逝而消失），而是列出一些词组可供你通过搜索引擎找到有用的网址。希望这能帮你更快、更有效地找到所需信息。我力图为书中提到的所有事情提供资源。对于一些在不同章节都有出现的问题，我仅会在它们首次出现的章节里列出。

1 一日冒险 P20

- The Crowsflight App会帮你指出最终目的地的方向，鼓励有目的性的散步。要怎么到达目的地则由你自己决定。头几次使用不收费。
- 我写的关于骑行环游世界的书分别是《未来松鸦的心情》（*Moods of Future Joys*）、《惊雷与阳光》（*Thunder and Sunshine*）和《骑行世界的男孩》（*The Boy Who Biked the World*）。
- 网上搜索英国最伟大的50棵树列表。
- 网上搜索伦敦的受保护景观列表。
- 已有组织的长途骑行挑战：伦敦到布莱顿骑行，“敦威治发电机”通宵骑行活动，群湖之主运动节，埃克斯茅斯通宵骑行，阿什当地狱骑行，约克郡的云雀运动节，伯明翰到牛津骑行或者一次Audax赛事。
- Geocaching.com。

2 收获月下 P24

- 搜索有月升时间和满月日期的阴历。你也可以找到日出和日落时间的信息。
- 把你的智能手机指向天空，Star Walk App就能识别出你在看的星星。就像魔法一样！

3 步行回家过圣诞 P27

- Twitter 和 Instagram 都是分享微冒险和通过#微冒险#话题标签看看其他人活动的好方法。你也可以关注我或者@aLhumphreys打个招呼。

4 利用周末 P31

- 网上搜索英国山地自行车中心列表。我去的是阿凡森林公园山地自行车中心。
- 网上搜索英国海岸越野联盟。
- 网上搜索毅行者和山行者慈善挑战赛。

5 迈出家门 P33

- 黑暗天空区域。
- RSPB Bird Song。
- 下载Bleep Test 的MP3。

7 通勤冒险 P40

- 马丁，就是那个故事里的“真正的”通勤者在这里写下了他的经历：www.martinblack.com/2013/04/wild-camp-in-a-hertfordshire-wood。
- 一个例子，关于走遍你所住城镇每一条路的微冒险是怎么变成一个大冒险的：www.imjustwalkin.com。

8 绕着你家旅行 P44

- 你可以弄一张你家正好在中心的地图。把它挂在客厅里会挺不错的，用来当作礼物也很不错：www.ordnancesurvey.co.uk/shop/custom-made-maps.html。

- 萨米耶·德梅斯特围绕他房间的旅行：goo.gl/PjniVd。
- OS MapFinder App在iPhone和安卓手机上都能运行得很好。

9 捉住它，煮熟它，吃掉它 P49

- 网上搜索环保局钓鱼许可的相关信息。

10 参加比赛 P52

- The Strathpuffer 24小时山地自行车赛。
- 可以在本书51页和www.findarace.com、www. ultramarathonrunning.com/races/uk.html 搜索其他比赛的信息。

12 格拉斯哥户外一夜 P58

- 探索坎普西丘陵。
- 到191页看看英国其他大城市周边的野外空间。
- 每周六在BBC Radio Scotland：@BBCOutofDoors收听克里斯对苏格兰户外的探索。

13 跨越英伦——古老之旅 P63

- 可持续出行的全国自行车网络。
- 山区村舍协会。
- 英国世界遗址。
- 哈德良长城自行车路线地图：www. sustrans.org.uk/ncn/map/route/route-72 。
- 穿得像个认真的探险者：TK Maxx:www.tkmaxx.com。
- 游览哈德良长城。

14 跨越英伦——狂野之旅 P70

- 从伦敦到苏格兰的卧铺夜班火车信息：www.seat61.com 。
- 橡皮艇和不同价位替代品的相关信息：www.alastairhumphreys.om/packraft-info。
- 《英国白水：英国泛舟协会指南》。
- 罗曼·迪阿尔的《橡皮筏！简介与入门指南》。
- 戴夫·康斯威特的《板上自由：不可思议的滑板穿越澳洲之旅》。
- 《单车梦》是斯蒂芬·奥尔巴赫执导的一部关于美洲穿越赛的电影。
- Mountain Bike Coast to Coast 信息：www.c2c-guide.co.uk 。
- 威尔士龙脊挑战赛。
- TGO户外大挑战。

15 信用卡冒险 P74

- 环约克郡骑行的网站及路线：www.letourdeyorkshire.com。
- 詹姆斯·埃尔罗伊·弗莱克的《撒马尔罕的金色之旅》。
- 拜访马萨姆的酿酒厂。
- 从理查德·阿斯奎思写的好书《云中漫步》中了解更多关于鲍勃-格拉汉姆环绕赛的信息。

16 树林森林 P81

- 通过国家林业委员会和林地信托基金的网站找到你附近的树林。

17 河中畅泳 P84

- www.wildswim.com。
- 见本书253页有关野泳的书目推荐。

18 漫步古罗马 P88

- 英国地形测量局出版的古罗马时期英国历史地图及指南。

21 闭上眼睛，出发吧！P104

- 托里登餐馆，位于罗斯郡阿赫纳欣的托里登，邮编：IV22 2EZ。
- 托里登是英国一项最伟大的铁人三项赛事——凯尔特人赛的举办地：www.cxtri.com。

23 落叶归根 P110

- 对任何有意在英格兰西南部进行骑行微冒险的人来说，杰克·瑟斯顿的《消失的小路》都是一本好书。他现在正在撰写一个系列，主题是其他地区的消失的小路。

25 运河之旅 P115

- 迪韦齐斯至威斯敏斯特国际皮艇赛在每年的复活节周末举办。1月1日在www.dwrace.org.uk上开放报名。
- 英国地形测量局出版的大不列颠内陆水道地图。
- 网上搜索运河泛舟许可来了解运河上划船所需许可的最新信息。

27 荒野冒险 P124

- 你可以乘渡轮（网上搜索诺伊德特渡轮）或者步行（可在诺伊德特基金会网站查阅相关信息）前往诺伊德特半岛。因弗内的食宿选择从豪华的到在山上的市政露营地露宿都有。不选后一个的话你要提前预订。老福吉客栈和陶艺咖啡厅都有供餐，那里也有一个小商店，不过只卖最基本的商品。
- 夜班火车从伦敦开往威廉堡。在威廉堡你可以换成沿途风光更好的线路到马莱格或坐短途渡轮到因弗内。

28 搭建小屋 P130

- 凯文的野外小屋计划记录在以下网址：www.100wildhuts.blogspot.co.uk。

29 轮胎漂流 P133

- 如果你想进行这样一次轮胎漂流，你会需要桨。不用买太专业的，划橡皮艇那种桨就够了。把装备装在防水包里拖在身后，或者考虑多带上一个内胎专门用来承载装备。
- 任何一个受到启发想建一个属于自己的小屋的人应该都会喜欢Shedworking的博客和书籍，还有我最喜爱的网站www.cabinporn.com。

32 从峰顶到海面 P145

- 网上搜索各郡县的最高点。
- 大卫·巴瑟斯特的《漫步英格兰郡县的最高点》。

34 环岛之旅 P152

- 红烟囱渡轮每天都有航班到怀特岛。

35 漂流探险 P159

- 米利肯-道尔顿的洞穴位于博罗代尔危岩堡的东侧。如果你造访此地，请不要留下痕迹，也请带走一点其他人留下的垃圾。
- 索尔·海尔达尔的《康提基号海上漂流记》。
- 《世上最开心的人：纽特利诺爸爸的人生》，作者亚历克·威尔金森。
- 《哈克贝利·费恩历险记》，作者马克·吐温。

到祖国的尽头 P173

- 北链渡轮一周七天都有从阿伯丁到勒维克的船。
- 劳伦斯·图洛赫的《岩石上：一个灯塔看守人的故事》。

M25公路冒险 P182

- 《伦敦外环》，伊恩·辛克莱尔著。
- 罗伊·菲彭所著的《M25公路：顺时针旅行》。

微冒险灵感建议书目：

- 《39级台阶》，约翰·巴肯。
- 《当我在一个仲夏清晨出门》，劳里·李（第一部分，发生在英格兰）。
- 《小熊维尼》，A.A.米尔。
- 《燕子号与亚马逊号》，亚瑟·兰塞姆。
- 《三人同舟》，杰罗姆·K. 杰罗姆。
- 《乡村骑士》，威廉·科贝特。
- 《消失的小路》，杰克·瑟斯顿。
- 《追寻春天》，爱德华·托马斯。
- 《露营袋书》，罗纳德·特恩布尔。
- 《奔跑在高处》，休·西蒙兹。
- 《云中漫步》，理查德·阿斯奎思。
- 《水中日志》，罗杰·迪金。
- 《步行归家》，西蒙·阿米蒂奇。
- 《流浪的优雅艺术》，斯蒂芬·格拉汉姆。
- 《山中之日，村舍之夜》，戴夫·布朗和伊恩·R. 米切尔。
- 《到河中去》，奥莉维亚·莱恩。
- 《荒野之境》，罗伯特·麦克法伦。
- 《米利肯·道尔顿：追寻浪漫与自由》，马修·大卫·恩特威斯特尔。
- 《极限睡眠：野外露营者的冒险》，菲比·史密斯。
- 《英国与爱尔兰的最美荒野：500段非凡旅程》，克里斯多夫·萨默维尔。
- 《野泳：藏在英国河流、湖泊和瀑布里的300处游泳圣地》，丹尼尔·斯塔特。
- 《野泳》，凯特·露和多明尼克·泰勒。
- 《免费的食物》，理查德·玛贝。
- 《自然导航者》，特里斯坦·古利。
- 《如何在林中便便：一项环保的失落艺术》，凯瑟琳·梅耶。

需要帮助来开始自己的微冒险？

我希望这本书能启发你出门去尝试一次微冒险。不管你有多忙，住的城市有多大，或者身体状况有多不好，你还是能到野外走一走，眺望日落，在星空下入眠。这本书只是一个开始。我希望它能成为一个小小的火花，点燃你对冒险的爱火。

如果你需要更多的信息和鼓励，那么请在Facebook、Twitter 或者通过我的个人网站跟我取得联系。我会尽自己所能帮助或者鼓励你。你也可以在www.alastairhumphreys.com/subscribe注册获取免费的时事通讯。

如果你觉得离开城市到一座漂亮的山顶上过夜所带来的空间、时间和新视角能使你的企业从中受益，那也来联系我吧。我会实现你所要求的行程——alastair@ alastairhumphreys.com。

如果你确实在进行微冒险，请在网上分享你的故事和照片。给它们加上#微冒险#的话题标签，这样大家都能找到它们。我会尽自己所能分享和宣传其中最好的故事和图片。如果你喜欢微冒险并从中受益，你能做得最好的事情就是将这个理念传播给其他可能希望自己也试一试的人们。

扫码进入我的个人网站www.alastair humphreys.com并注册获取月度时事通讯。

致谢

感谢所有在本书的故事里陪伴我的朋友们。感谢所有在过去几年聚集在#微冒险#话题标签下，喜爱、分享并传播微冒险理念的网友们。

以下这些朋友和机构对完成本书或帮助微冒险理念的成长提供了帮助：托莫·汤普森、罗伯·布什比、乔安娜·佩恩、莱昂·麦卡隆、保罗·迪根、汤姆·爱伦、罗伯·辛明顿、多姆·杰克曼、理查德·班尼斯特、大卫·海特、Howies、Trek Bikes、Osprey Packs、Alpkit和Mountain Equipment。

感谢本说服哈珀柯林斯（Harper Collins）出版集团在我身上赌一把，感谢迈尔斯·阿奇博尔德、朱莉娅·科皮兹、凯特·托利、米梵妮·维蒙·亨特和斯蒂夫·博格斯将我在山区胡混的空泛想法变成一本像样的书，并且让我实实在在地在电脑后面坐上足够长的时间把书写出来。